JN095983

フィリピンの土製焜炉
ストーブ

鶴見大学比較文化研究所

田中 和彦 KAZUHIKO TANAKA

目次

はじめに

　本冊子で扱う土製焜炉は、その上に調理甕や鍋をかけ、その下で火を焚き煮炊きをする調理具である。土製というのは、粘土を材料に使って焼成されているからで、「やきもの」の範疇に入るものである。よく似た機能をもつものとして竈があるが、竈は一般に固定された施設を指すのに対して、焜炉は移動可能である。そのため、焜炉を移動式カマドと呼ぶ研究者もいる。また、本冊子は、タイトルに土製焜炉という用語を使っているが、各章の記述においては、フィリピンにおいて一般的である英語名のストーブという用語を用いる。

　いずれの名称で呼ぶにしろ焜炉や竈は、調理のために不可欠な道具あるいは施設であり、家の中心的な道具あるいは施設といえよう。民族学者の石毛直道が、「食事の原点」という文章の中で興味深いアフリカの事例を紹介している。すなわち「東アフリカのスワヒリとよばれる農耕民のあいだでは、男が求婚する場合のきまり文句に『あなたとカマドを共にしたい』といういいかたがある。日本でも、カマドは家の象徴であり、分家をすることを『カマドをわける』と表現したりした。」（石毛 2013: 95）と。

　本冊子では、第1章でフィリピン出土のストーブについて扱い、第2章でフィリピンのストーブの民俗例を扱い、第3章でフィリピン周辺地域出土のストーブを扱うことによって、フィリピンのストーブを広い視野と広い地域の中で考えてみたい。

1. フィリピン出土の土製焜炉 (ストーブ)

1.1. フィリピン考古学の枠組み

1.1.1. ベイヤーの枠組み

　フィリピンにおいて考古学的枠組みを最初に提示したのは、長らくフィリピン大学人類学科の教授を勤めた H.O. ベイヤー (Beyer, H.O.) であった。彼は、自身の踏査によって集めて資料とフィリピン諸島の各地域から彼のもとに集まった資料を集成して、1947年に『フィリピン科学雑誌』(*The Philippine Journal of Science*) の第77巻第3，4合併号として『島嶼及び州ごとのフィリピン考古学概観』(*"Outline Review of Philippine Archaeology by Islands and Provinces"*) を刊行した。この仕事は、表題にあるごとく、フィリピンの島ごと、一つの島で複数の州があれば、州ごとに、各島各州でいつ、どのような資料が発見されたかを、五つの時代順に記したものである。すなわち、ここでフィリピン先史、原史時代の枠組みが最初に提示されたのである。五つの時代とは、旧石器時代 (Palaeolithic)、中石器時代 (Mesolithic)、新石器時代 (Neolithic)、鉄器時代 (Iron Age)、陶磁器時代 (Porcelain Age) である。それぞれの時代に対してベイヤーは、旧石器時代が50,000年までから20,000年前頃まで、中石器時代が20,000年前から B.C.8,000年まで、新石器時代が B.C.6,000年から B.C.200年まで、鉄器時代が B.C.200年から9世紀まで、陶磁器時代が9世紀以降1521年までの年代を想定した (Beyer 1947) (表1.1.) のである。この仕事は、まさに労作といえ、ベイヤー以後の全ての調査の基礎になったといっても過言ではない。それと同時に、フィリピンで最初に具体的な考古学資料をもって、先史時代から歴史時代までに至る枠組みを提示したものとしても、重要である。一方、そうした重要性を持ちながらもいくつかの問題点も持っている。すなわち、

― 1521	スペイン時代
	陶磁器時代
― 9 世紀	
	鉄器時代
― 200B.C.	
	後期新石器時代 （青銅器時代）
― 1,750B.C.	
	中期新石器時代
― 2,250B.C.	
	前期新石器時代
― 4,000B.C.	
	原新石器時代
― 6,000B.C.	
	中石器時代
20,000 年前	
	旧石器時代
50,000 年前	
500,000 年前	

表 1.1. ベイヤーの時代区分

（筆者作成）

　その第 1 の問題点は、提示された五つの時代の変遷が、フィリピン国内の考古学的な発掘調査に基づく層位学的な資料によって裏づけられていたわけではなく、フィリピンの周辺地域における出土遺物との比較によって帰属する時代が決められていたということである。換言すれば、先験的に時代設定がなされ、それに合わせた形で発見された遺物が並べられたといえる。第 2 の問題点は、

時代	洞穴名	地区	内　容		年　代
後期旧石器時代 (Upper Palaeolithic)	タボン洞穴 (Tabon Cave)	リプーン岬	剥片アセンブリッジV（表面下160cm）3点のチャート製剥片	タボニアン割片アセンブリッジ／柄をつけない剥片テクノロジー	（推定）50,000～45,000年前（あるいはそれ以前）
			剥片アセンブリッジIV（表面下121cm）剥片、石核、剥片石器（チャート）、木炭片 フレーキングの技術はアセンブリッジIIIと同一		30,500±1,100B.P.（C14）
			剥片アセンブリッジIII（表面下85～115cm）鳥、コウモリ、小哺乳類の骨、剥片石器、石英製ハンマーストーン、玄武岩製ハンマーストーン 化石化した動物骨の小片		23,200±1,000B.P.（C14）
					＞22,000B.P.（C14）
			剥片アセンブリッジII（表面下50～70cm）鍾乳石による侵食（開口部）化石化した動物骨の小片、人間及び動物の歯		21,000B.P.以上（C14）
			剥片アセンブリッジI-B（表面下20cm）剥片石器（チャート）		9,250±250B.P.（C14）
			剥片アセンブリッジI-A（表面下0～25cm）丸い石灰岩の台石、淡水産貝 剥片石器（チャート）、木炭片 多くの動物骨、動物の歯		推定約8,500～9,500年前
後-旧石器時代 (Post-Palaeolithic)	グリ洞穴 (Guri Cave)	リプーン岬	多くのチャート片、剥片石器（小）動物骨、鹿角、海産の貝（厚い貝塚）		推定B.C.5,000～B.C.2,000 4,070±80B.P.（B.C.2120）C14
	ドゥヨン洞穴 (Duyong Cave)	イワイグ地区	貝層中の小さな剥片と石刃（blade tools）		7,000±250B.P.（5,050B.C.）C14
前期新石器時代	ピランドゥク洞穴 (Pilanduk Cave)	イワイグ地区	刃部磨研器、剥片 甕棺葬		（推定）約B.C.4,500～3,500B.C.
	ドゥヨン洞穴 (Duyong Cave)	イワイグ地区	居住レベル及び 屈葬：石斧、シャコ貝製貝斧、貝製灰入れ、貝製装身具 貝と共伴		5,680±80B.P.（B.C.3,730）C14年代 4,630±250B.P.（B.C.2,680）C14年代
後期新石器時代	ニーペット・ドゥルドゥグ洞穴 (Ngipe't Duldug Cave)	リプーン岬	甕棺葬 有段石斧、石製・貝製ビーズ		（遺物の比較による推定）B.C.1,500～B.C.1,000
	マヌングル洞穴A室 (Manunggul Cave Chamber A)	リプーン岬	甕棺葬 石製・玉製装身具、複雑な装身具		2,840±80B.P.（B.C.890）2,660±80B.P.（B.C.710）
初期金属器時代	ドゥヨン洞穴 (Duyong Cave)	イワイグ地区	甕棺葬 石製・玉製装身具、石斧（後期新石器型）		（遺物の比較による推定）B.C.500～B.C.300
	ウヤウ洞穴 (Uyaw Cave)	リプーン岬	甕棺葬、ガラス製ビーズ、腕輪、鉄？ 石斧、青銅斧、青銅槍、玉製装身具		（遺物の比較による推定）B.C.500～B.C.300
	グリ洞穴B室 (Guri Cave Chamber B)	リプーン岬	甕棺葬、玉製耳飾り 青銅器、少量のガラス製・鉄製ビーズ		（遺物の比較による推定）B.C.300～B.C.100
発展期金属器時代	リト・ファビアン洞穴 (Rito-Fabian Cave)	リプーン岬	甕棺葬、鉄、銅、青銅、ガラス製及び玉製耳飾り、ガラス製及び貝製及び玉製ビーズと腕輪		（遺物の比較による推定）B.C.200～A.D.100
	ビセンテ・パガヨナ洞穴 (Vicente Pagayona Sr. Cave)	リプーン岬	截頭円錐形の蓋をもつ甕棺葬 鉄、銅、青銅を含む金属器及びガラスビーズ		（遺物の比較による推定）B.C.200～A.D.200
	マヌングル洞穴B室 (Manunggul Cave Chamber B)	リプーン岬	甕棺葬、鉄、ガラス製及び石製ビーズ、ガラス製腕輪		2,140±100B.P.（B.C.190）C14年代 フィリピンにおける鉄のアセンブリッジに対する最初のC14年代
	タジャウ洞穴 (Tadyaw Cave)	リプーン岬	截頭円錐形の蓋をもつ甕棺葬 鉄及び青銅、ガラス、金、紅玉髄製のビーズ		（遺物の比較による推定）A.D.300～B.C.100
	ササック岩蔭 (Sasak Shelter)	カラタグバク地区	成層化した居住及び埋葬遺跡 鉄、ガラスビーズ、傾斜S字紋土器		（遺物の比較による推定）A.D.400～A.D.600
	ルングン洞穴 (Lungun Cave)	カラタグバク地区	多次葬あるいは二次葬の木の棺 鉄、その土地で作られた土器		（遺物の比較による推定）700～900（新しいタイプの鉄器）
原史時代：偉大なる伝統をもつ南及び東アジア特に南中国との交渉と交易の時代	ブブルングン洞穴I-B (Bubulungun Cave I-B)	リプーン岬	甕棺の中の二次葬 鉄、インド・ローマ（Indo-Roman）のビーズ		10世紀後半～11世紀 北宋の貿易陶磁共伴
	マグミシ・シェルフ (Magmisi Shelf)	イワイグ地区	素焼土器甕の中の二次葬		11世紀あるいは12世紀 南宋の貿易陶磁共伴
	クルスワナン・レッジ洞穴 (Kuruswanan Ledge)	クルスワナン地区	船棺（boat coffin）の中の二次葬		13世紀後半あるいは14世紀初頭 元朝の中国陶磁共伴

表 1.2. フォックスのタボン洞穴群の編年　（Fox 1970: Table II をもとに若干の付加を行い筆者が作成）

先験的に時代設定がなされたため、時代変遷の地域的特徴を探求するような各地域における地域性を探求する視点が欠如していることである

1.1.2. フォックスの枠組み

　その後、こうした問題点をふまえて、新しい先史、原史時代の枠組みの提示したのは、アメリカ人でありながらフィリピン国立博物館人類学部[1]のキュレーターであったR.B.フォックス（Fox）であった。彼は、フィリピン西部のパラワン（Palawan）島の中部西海岸のケソン（Quezon）地区において、1962年から1966年にかけて考古学的踏査と発掘調査を実施し、200箇所を超える洞穴、岩蔭遺跡を踏査し、表面に遺物のある64箇所の洞穴、岩蔭遺跡を発見した（Fox 1970: 11）。そして、特に調査の中心になったリプーン（Lipuun）岬で発見した29箇所の洞穴、岩蔭遺跡のうち、16箇所において発掘調査を実施した（Fox 1970: 8）のである。そして、それらの発掘調査成果をもとに、旧石器時代から交易時代に至るこの地域の文化変遷を明らかにし、文化変遷表（表1.2.）を作成した。この仕事は、フィリピンで最初にある特定の地域の遺跡を集中的に発掘調査することによってその地域の文化変遷を解明し、地域編年を構築したものとして大きく評価されるものである。

1.2. フィリピン出土の土製焜炉（ストーブ）

1.2.1. フィリピンにおけるストーブの発掘史

　1950年代後半のフォックスによるバタンガス（Batangas）州カラタガン（Calatagan）遺跡群の発掘以来、1960年代半ばのフォックスによるマニラ市サンタ・アナ（Santa Ana）遺跡の発掘、1970年代半ばから1980年代にかけたフィリピン国立博物館によるミンダナオ島、ブトゥアン（Butuan）遺跡群の発掘など

初期のストーブの発掘例は、ほとんど交易時代のものであった。

　しかし、筆者も参加したルソン島北部、ラロ（Lal-lo）貝塚群、マガピット（Magapit）貝塚の1987年の発掘調査によって石斧片とともにストーブが出土し、フィリピンにおけるストーブの出土例は、一気に新石器時代まで遡ることとなった。これはひとつの画期と考えられよう。

　もう一つの画期と考えられるのが、1995年に行われたパンダナン（Pandanan）島沖沈船遺跡の発掘調査である。この調査によって、一隻の船の中で形態の異なる少なくとも３種類のストーブが使われていたことが明らかになった。

　以下では、時代ごとにストーブの出土例を概観したい。

1.2.2. フィリピン出土の新石器時代のストーブ

1.2.2.1　マガピット貝塚出土のストーブ

a）マガピット貝塚の位置と立地

　本貝塚は、ルソン島北部、カガヤン川下流域に所在するラロ貝塚群を代表する貝塚（図1.1.）でカガヤン川の河口から川を約30kmほど遡った地点の川の東岸の石灰岩丘陵上及び斜面部に形成された貝塚である。

　ここで取り上げるストーブが出土した発掘区は、石灰岩丘陵の上部の尾根と尾根の間の谷間に形成された高さ３mほどの小山の頂部に、４×４mほどの大きさで設定されたものである（青柳他 1988: 78）。また、小山の頂部の標高は、約48mであった。

b）マガピット貝塚の発見と発掘調査及び層序

　マガピット貝塚は、1970年、当時フィリピン国立博物館の研究員であったI. カバニリア（Cabanilla 1972）氏と青柳洋治氏によって発見され、翌71年両名によって小規模な発掘が行われた（Cabanilla 1972）。しかし、丘陵頂部の発掘では、岩盤まで到達することができなかった。そこで、1987年、当時、上智大学アジ

ラロ貝塚群
マガピット貝塚

アトルー村
(土器作り村)

サンタ・アナ遺跡
サン・ディエゴ号沈船遺跡

カラタガン遺跡群

パンダナン島
沖沈船遺跡

ブトゥアン
遺跡群

0   500km

図1.1. フィリピンの主要ストーブ出土遺跡分布図　　　　（筆者作成）

ア文化研究所助教授であった青柳洋治氏は、アテネオ・デ・マニラ（Ateneo
de Manila）大学 I.P.C. に留学中の小川英文氏と上智大学大学院生であった筆
者を指導し、フィリピン国立博物館研究員 M・アギレラ（Aguilera）氏と同
博物館技官の E・ラリオス（Larios）氏とともに同年10月から12月にかけて再
度この貝塚の発掘を行った（青柳 他 1988）。その結果、本貝塚は、貝塚表面
から岩盤まで5 m60cmに及ぶ厚さの堆積があり、貝塚は、第1層の表土層から、

第2層：黒褐色混土貝層、第3層：暗褐色混土貝層、第4層：混土破砕貝層、そして、第5層の純貝層まで大きく五層からなることが判明した（青柳 他 1988: 80-81）。

c）マガピット貝塚の出土遺物

本貝塚からは、人工品として土器の他、磨製石斧、磨製石ノミ、剥片、磨石兼敲石、土製円盤、土製紡錘車、土製垂飾品、石製ビーズ、石製玦状耳飾り片、骨製装身具が、自然遺物として、貝層の主体をなす淡水産の二枚貝バティッサ・チルドレニ（*Batissa childreni*）の他、イノシシやシカの骨が出土した（青柳 他 1991: 58-59，123-127，136）。

d）マガピット貝塚の年代

本貝塚出土の磨製方角石斧は、横断面が台形を呈し後期新石器時代の指標となるものである。また、第2層（スピット9）出土の木炭により2800±140 B.P.、第3層（スピット20）出土の木炭により2760±125 B.P. という C14年代測定値がえられている（青柳 他 1991: 50）。

e）マガピット貝塚出土のストーブ

本貝塚からは、第2層、第3層、第3 or 4層及び試掘坑と崩落土からストーブが出土している。いずれも部分破片である。

第2層出土のストーブ：第2層出土のストーブは、ストーブの調理具支え部の突起の一部が2点（図1.2.-1，2）、口縁部が6点（図1.2.-3〜8）、口縁部前面に来ると考えられる端部が1点（図1.2.-9）である。口縁部破片は、頂部が平坦に作られ網代痕を有するものが5点（図1.2.-3〜7）と無紋のもの1点（図1.2.-8）である。

第3層出土のストーブ：第3層出土のストーブは、口縁部（図1.3.-1，3）が2点と有孔の胴部（図1.3-2）が1点である。口縁部は、口縁幅が狭いもの（図

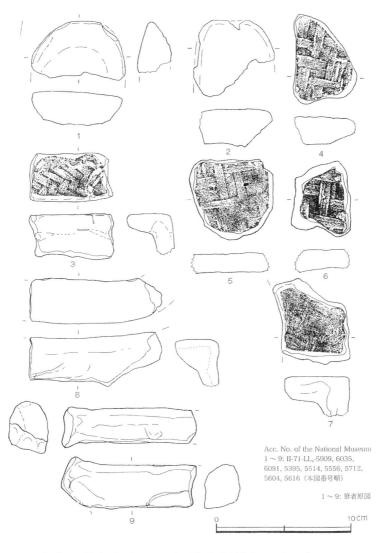

Acc. No. of the National Museum
1 ～ 9: II-71-LL₄-5909, 6035,
6081, 5395, 5514, 5556, 5712,
5604, 5616（本図番号順）

1 ～ 9: 筆者原図

0   10 cm

図 1.2. ラロ貝塚群、マガピット（Magapit）貝塚第 2 層出土のストーブ

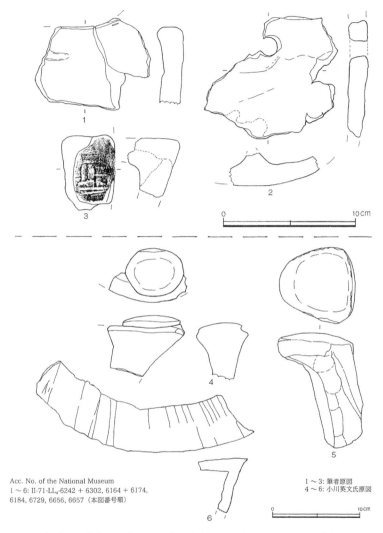

Acc. No. of the National Museum
1 〜 6: II-71-LL₄-6242 + 6302, 6164 + 6174,
6184, 6729, 6656, 6657（本図番号順）

1 〜 3: 筆者原図
4 〜 6: 小川英文氏原図

0   10 cm

図 1.3. ラロ貝塚群、マガピット（Magapit）貝塚第 3 層（1 〜 3）、試掘坑（4）、崩落土（5,6）
　　　出土のストーブ

1.3.-1）と内側に強く屈曲するもの（図1.3.-3）がある。内側に強く屈曲するものは、頂部に網代痕を有する。一方、有孔の胴部（図1.3.-2）は、外側から穿孔がなされ、胴部は弧を描くと考えられる。

　試掘坑及び崩落土出土ストーブ：試掘坑出土のストーブは、調理具支え部が口縁部についた形のもの（図1.3.-4）である。一方、崩落土出土のストーブは、調理具支え部（図1.3.-5）と内側に強く屈曲する口縁部（図1.3.-6）である。

1.2.3. フィリピン出土の交易時代のストーブ

1.2.3.1. ブトゥアン（Butuan）遺跡出土のストーブ

a）ブトゥアン遺跡群の位置と立地

　本遺跡群は、フィリピン南部のミンダナオ（Mindanao）島北東部を南から北に流れるアグサン（Agusan）川下流域の低地帯に立地する（図1.1.）。

b）ブトゥアン遺跡群の発見と考古学的調査

　本遺跡は、1974年、ソソンピット・ドーンガン（Sosompit-Doongan）地区で雨水排水用水路建設中に発見され（Cembrano 1998: 2, Ronquillo 1989: 61）、フィリピン国立博物館のセシリオ・G・サルセド（Cecilio G. Salcedo）氏を団長とする調査団が踏査と発掘調査を行い（Cembrano 1998: 2）、1976年後半に私掘によって発見されていた木造索縄船バランガイ I（Balangay I）を正式に発掘調査した（Cembrano 1998: 2; Ronquillo 1989: 61）。1977年には、この船の南西約 1 kmの地点でさらにもう 1 隻の船（バランガイ II）が発見され、1978年に発掘調査が行われた（Cembrano 1998: 2）。その後、1981年から1984年にかけて貝層部分の発掘調査が、1983年には動物骨と人骨の分析が、1984〜85年に再び未攪乱地域で発掘調査がいずれも国立博物館によって行われた（Ronquillo 1989: 62）。また、1986年11月、第 3 回東南アジア諸国連合内考古

学発掘調査・保存ワークショップ（The 3rd Intra ASEAN Archaeological Excavation and Conservation Workshop）がブトゥアン市で開催され、アセアン5箇国の考古学者と保存の専門家が協力し、さらにもう1隻の船（バランガイV）の発掘調査と保存を行った（Ronquillo 1989: 62）。こうした調査によって、発掘調査が行われた3隻を含めて11隻の木造船が、本遺跡群に存在することが明らかになった（Cembrano 1998: 4）。

c）ブトゥアン遺跡群の層序

本遺跡群の堆積層は、川による浸食と沈泥の固化の過程で形成されたシルト質の粘土からなる上層と開地の草地が沼地に変えられ、入江の一部を形作っていた下層の2層からなる（Cembrano 1998: 6-7）。

d）ブトゥアン遺跡群の年代

本遺跡群は、最初、居住地として使われ、後に墓地として使われた（Peralta 1980）と指摘されている。すなわち貝層からは越窯系の陶磁や広東省の陶磁が出土し、五代から北宋の年代が想定されている（Ronquillo 1989: 61）。一方、木棺葬は、15世紀の陶磁器を伴っている（Peralta 1980）。

e）ブトゥアン遺跡群出土の遺物

本遺跡群の貝層からは、交易陶磁器片、やっとこ、おもちゃの上部、動物像、敲打具、つるはしなどの木製品、銅鑼、耳飾り、鈴、槍先、中子などの金属製品、土器、土錘、紡錘車などの土製品、サメ、大形魚、海亀、ニワトリ、イノシシ、シカの骨、鹹水産の貝と淡水産の貝などが出土した（Ronquillo 1989: 64, 67）。

交易陶磁器には、越窯、越窯系の陶磁器の他、広東省製の陶磁器がある（Ronquillo 1989: 61）。また、この他に、白磁と湖南省長沙窯磁、ペルシアの青緑釉大壺の破片の出土と北宋期の広州西村窯の鳳頭壺や同窯の刻花彩絵盤の出土

が指摘されている（青柳 1992: 152）。

f）ブトゥアン遺跡群出土の土器

　本遺跡群出土の土器には、フィリピン製のものとタイ半島部のソンクラ（So
ngkla）県のサティンプラ（Satingpra）製のものと北部タイのランプーン（La
mpoon）県のハリプンジャヤ（Haripunjaya）製のものがある（Cembrano
1998: 9）。ロンキリオ氏は、フィリピン製の土器で顕著な器種は、双把手付盤、
調理鍋、方形ストーブの三種で、他に、球形壺、甕、鉢の器種があり、球形壺
は10種類、甕は３種類、フライパンは９種類、ストーブは３種類、鉢には４種
類の形態があると指摘した（Ronquillo 1989: 64）。

g）ブトゥアン遺跡群出土のストーブ

　フィリピン国立博物館ブトゥアン分館のセンブラノ（Cembrano）氏は、本
遺跡群出土の３種類のストーブを図示している（Cembrano 1998: Fig.10）。
以下では、氏の示した三種類のストーブについて紹介を行いたい。

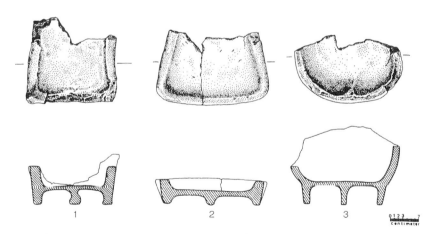

図 1.4. ブトゥアン（Butuan）遺跡群出土のストーブ　　　(From Cembrano 1998: Fig.10)

図1.4.-1は、ストーブの薪置き部分の破片である。上から俯瞰した時の平面形は、両側壁が前面の壁に対して直角に作られた長方形である。薪置き部胴部側壁は、断面形でみると、いくぶん上方に向かってひらいた直線状にまっすぐ立ち上がる。口縁頂部は平坦である。底部は、足によって床から上に上げられている。内底部は、断面形でみると両側壁がわずかに低くなってはいるが、ほぼ平坦である。

　図1.4.-2も、薪置き部の破片である。薪置き部前面は、ゆるやかな弧を描いている。胴部側壁の残存部分は、わずかで、薪置き部全体の平面形を推定することは難しい。側壁は、断面形でみると、足の部分は、直線的であるが、それより上の胴部は外側にいくぶん膨らんで曲線を描いて立ち上がっている。内定面は平坦である。

　図1.4.-3も、薪置き部の破片である。薪置き部前面は、ゆるやかな弧を描いている。胴部側壁の残存部分は、わずかで、薪置き部全体の平面形を推定することは難しい。側壁は、断面形でみると、足の部分は直線的であるが、それより上の胴部は外側にいくぶん膨らんで曲線を描いて立ち上っている。内底面は平坦である。

1.2.3.2. サンタ・アナ（Santa Ana）遺跡出土のストーブ

a）サンタ・アナ遺跡の位置と立地

　本遺跡は、ルソン島中部の大湖ラグーナ・デ・バイ（Laguna de Bay）とマニラを結ぶパシグ（Pasig）川沿いに形成された遺跡（図1.1.）である。パシグ川の河口から直線距離で5.6km内陸に入った所に位置し、S字状に強く蛇行するパシグ川によって縁取られた舌状地に立地する。現在、この舌状地の根元にあたる所に、サンタ・アナ教会が建っている。

b）サンタ・アナ遺跡の考古学的調査と遺跡の層序

本遺跡は、最初1961年から1962年にかけてロクシン夫妻（Mr. & Mrs. Locsin）によって発掘調査が行われ（Locsin 1967）、次に1966年から1967年にかけて、フィリピン国立博物館の R.B. フォックス（Fox）氏の率いる調査隊によってサンタ・アナ教会の敷地内と内庭で発掘調査が行われた。フォックス氏の調査では、上層に厚さ 1 m に満たないスペイン時代の層があり、その下に 2 m 以上の厚さの先スペイン時代の層があることを明らかにした（Fox and Legaspi 1977: 6）。このうち、先スペイン時代の層の上部には主にカキとアルカ貝（*Arca spp.*）の汽水産貝からなる貝層があり、貝の層の下には伸展葬の墓群があることが明らかになった（Fox and Legaspi 1977: 6）。

c）サンタ・アナ遺跡で検出された遺構と出土遺物

　フォックス氏は、教会の敷地内と内庭で71基、アエロパギタ家（the Aeropagita）の所有地で21基の墓を調査し（Fox and Legaspi 1977: 2）、先スペイン期の貝層から土器、交易陶磁器、鉄滓、動物骨を検出し（Fox and Legaspi 1977: 7）、墓からは、土器、交易陶磁器、人骨を検出した（Fox and Legaspi 1977）。

d）サンタ・アナ遺跡の年代と出土ストーブの年代

　フォックス氏は、サンタ・アナ遺跡の年代を貝層地区から出土した木炭を用いて測定した C14年代が1095A.D. であったことと出土した中国陶磁器の年代を根拠として、11世紀後半から14世紀と考えた（Fox and Legaspi 1977: 2）が、出土した中国陶磁器を比較検討した青柳洋治氏は、出土陶磁器の多くが、韓国新安沖沈船引揚げの陶磁器（大韓民国文化公報部　文化財管理局／編　1983）と類似することを指摘し（青柳 1992: 150）、新安沈船から出土している至治3 年（1323年）6 月11日の荷札の年代を根拠として、サンタ・アナ遺跡の年代を14世紀中葉前後と考えた（青柳 1992: 150）。

ここで扱うストーブが出土した墓からは、新安沈船出土の青白磁鉄斑文瓢形水注（大韓民国文化公報部　文化財管理局／編　1983: 89 図版77）と同一のものや同沈船出土の青白磁水牛童子形水滴（大韓民国文化公報部　文化財管理局／編　1983: 88 図版76下）と類似したものが出土している（写真1.1.）。そのため、青柳洋治氏の年代観に基づきストーブの年代を考えるのが妥当と考える。

　e）サンタ・アナ遺跡におけるストーブの出土状況と出土したストーブ

　サンタ・アナ遺跡のストーブは、大人と子どもが並んで検出された墓の大人の遺体の左脚大腿部の横（左脇）から出土している（写真1.1.）。大人の遺体も子どもの遺体もその上に陶磁器が置かれている。特に大人の遺体を覆っている陶磁器は、小型の製品が多い。出土したストーブは、前面が開いた円筒形の燃焼部を持ち、その口縁部には、上に調理具支え部として三つの小さな突起が付いている（写真1.1.）。燃焼部口縁部内側は、下方に折り返され、前面の開いた

写真 1.1. マニラ市、サンタ・アナ（Santa Ana）遺跡の埋葬とストーブの出土状況　　（From Fox and Legaspi 1977: Fig.8）

部分の端部も内側に折り返されている。また、薪置き部は、扇形を呈し、長さが短い。

1.2.3.3. パンダナン（Pandanan）島沖沈船遺跡出土のストーブ

a）パンダナン島沖沈船遺跡の位置

本遺跡は、フィリピン西部のパラワン（Palawan）島の南東端に隣接して所在する長さ9.6km、幅4kmほどの方形の小島、パンダナン島の北東海岸沖約250mの地点の水深42mの海底に所在した（図1.1.）（Dizon 1996: 64）。

b）パンダナン島沖沈船遺跡の発見と考古学的調査

本遺跡は、1993年に発見され、フィリピン国立博物館が1995年2月から5月にかけ発掘調査を行った（Dizon 1996: 64）。砂と泥に覆われたサンゴ礁の崖の底（Dizon 1996: 70）で発見された船体は、全体の1/4程が残存し、もともと長さ25〜30m、幅6〜8mの大きさであった（Dizon 1996: 70）と推定された。

c）パンダナン島沖沈船遺跡出土の遺物

本遺跡からは、陶磁器、土器、青銅製小砲、青銅製ランプ、青銅製天秤量、青銅製銅鑼、青銅製合子、青銅鏡、鉄剣、鉄製ナイフ、鉄製大鍋、永楽通寶、ガラスビーズ、砥石（Dizon 1996: 66-70）が出土した。

陶磁器は、中部ベトナム、ビンディン（Binh Dinh）省製（山本他 1993）輪状釉剥ぎ青磁サラが多数出土した他、北部ベトナム、チューダオ（Chu Dau）窯製の青花、タイ製の黒褐釉壺があり、中国製のものとしては、景徳鎮窯製青花の碗、皿、大鉢、小壺と青白磁の鉄斑文瓢形水注（Dizon 1996；森村 1996：120第6図上右左）、龍泉窯青磁の稜花皿、輪花皿、連弁文碗、盤、馬上杯（Dizon 1996：90；森村1996：120〜122）、福建・広東の窯製の褐釉双龍文六耳壺（森村1996：118）がある。

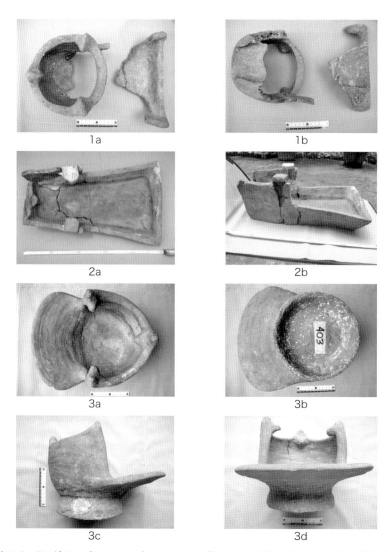

1a 1b

2a 2b

3a 3b

3c 3d

写真 1.2. パンダナン（Pandanan）
　　　島沖沈船遺跡出土のストーブ

（Courtesy: National Museum of the Philippines &
Dr. Eusebio Z. Dizon）（筆者撮影）

d）パンダナン島沖沈船遺跡の年代

　報告者のディゾン氏は、本沈船遺跡出土の陶磁器は、元代から明代にわたるが、積荷の大部分は15世紀中葉まで下ることから船自体の年代を15世紀中葉と考えている（Dizon 1996: 72）。

e）パンダナン島沖沈船遺跡出土ストーブ

　パンダナン島沖沈船遺跡出土のストーブは、少なくとも 3 点（写真1.2.-1a ～3d）の形態の異なるものがある。すなわち、上から俯瞰した時の平面形が釣鐘形のもの（写真1.2.-1a，1b）、台形のもの（写真1.2.-2a，2b）及び瓢形のもの（写真1.2.-3a ～3d）である。

　まず、平面形が釣鐘形のもの（写真1.2.-1a，1b）は、薪を燃やす部分は、方形になり、その前面部分は直線的である。上に調理甕を乗せる支え部の後部は、ゆるく弧を描く。そのために平面形は釣鐘形となる。上に調理甕を乗せる支え部は、粘土が環状に回り、その上に 3 箇所、上に乗せる調理甕を支える突起が付いている。ただし、この製品は、上に調理甕を乗せる後方部分と薪の燃焼部分のあり前面が、その間の部分を欠いているため、接合していない。

　一方、平面形が台形のもの（写真1.2.-2a, 2b）は、薪の燃焼部分のある前面部分の幅が28.7cm とやや広く、調理甕を上に乗せる突起のある後方縁部の幅が17.1cm とやや狭い。また、長さは37cm である。上に調理甕を乗せるための突起は、側縁部後方に左右 1 箇所ずつ、後方縁部中央に 1 箇所の 3 箇所である。また、底部においては、左右の両側縁部が中央部分より高くなっている。

　一方、平面形が瓢形のもの（写真1.2.-3a ～3d）は、前面部分の薪を乗せる部分が扇状に大きく開き（写真1.2.-3a ～3d）、前面かけて緩く傾斜している（写真1.2-3c）。一方、後方部分は、半楕円形を描き、左右両側と最奥部の 3 箇所に、上に乗せる調理甕を支える突起が付いている（写真1.2.-3a, 3d）。また、底部に

は、圏足が付いている（写真1.2.-3b, 3c）。

1.2.3.4. カラタガン遺跡出土のストーブ

a）カラタガン遺跡群の位置と調査

本遺跡群は、マニラの南、約100kmのバタンガス（Batangas）州、西南端に位置する全長8.5km、幅4.5km のカラタガン半島の海岸線沿いの低地に分布する（図1.1.）。

この遺跡は、1934年飛行機の滑走路の建設中に発見され（Fox 1959: 18）、同年（1934）に国立博物館の R. ガラン（Ricardo Galang）氏が調査を行い、1940年には、スウェーデン人考古学者 O・ヤンセ（Olov A. T. Janse）氏が調査を行い、1952年末から1953年初頭にかけてはハワイ大学の W・ソルハイム（Wilhelm G. Solheim II）氏が調査を行った（Fox 1959: 18-20）。そして、1958年フォックス氏が率いる国立博物館チームは、11箇所の主要な埋葬、あるいは居住、埋葬遺跡と数多くの小遺跡を明らかにし、プロン・バカウ（Pulong Bakaw）遺跡とカイ・トマス（Kay Tomas）遺跡の発掘で505基の墓を、プンタ・ブアヤ（Punta Buaya）遺跡の発掘で貝層（the middens）を、ピナグパタヤン第2遺跡（Pinagpatayan #2）の発掘で44基の墓を明らかにした（Fox 1959: 17）。

b）カラタガン遺跡群の層序

プロン・バカウ遺跡とカイ・トマス遺跡の層序は、厚さ15〜25cm の表土層の下に細々になった珊瑚と細かな砂からなる石灰質土の占める地区と同様な石灰質土と粘土の混入土が占める地区があり、その土の下に、死んだ珊瑚からなる岩盤がある（Fox 1959: 21）。墓壙は、この岩盤に掘りこまれていた（Fox 1959: 21）。

c）カラタガン遺跡群の出土遺物

本遺跡群、特にプロン・バカウ遺跡とカイ・トマス遺跡からは、交易陶磁器、土製紡錘車、土錘、ガラス製腕輪、ガラス製ビーズ、金製葉状装身具、金・銀・銅の合金製指輪、真鍮製足輪、真鍮製の小形蓋付小鉢、真鍮製皿、収納箱の真鍮製及び鉄製の部品、真鍮製及び鉄製の槍先などが出土した（Fox 1959: 41-42）。

d) カラタガン遺跡群の年代

　フォックス氏は、本遺跡の年代を14世紀後半から15世紀末あるいは16世紀初頭までとした（Fox 1959: 18）が、青柳洋治氏は、同遺跡出土の陶磁器を日本出土のものと比較し、その年代を15世紀後半から16世紀前半に限定した（青柳1982: 154）。

e) カラタガン遺跡群出土の土器

　カラタガン遺跡出土の土器は、プロン・バカウ遺跡出土の201点、カイ・トマス遺跡出土の311点、合計512点から、完形または復元された344点が選定されて、予備的な分析が行われた（Fox 1959: 56-63）。その後、D・メイン（Dorothy Main)氏とフォックス氏は、国立博物館が調査した12遺跡出土の987点（先の344点を含む）の完形及び復元された土器を分析し、本遺跡群の土器を製作伝統及び製作地を異にする三つの土器群に分けた（Main & Fox 1982: 1）。すなわち、器表面が赤味色を呈し、カラタガンとその近隣地域で製作された「カイ・トマス複合」（"Kay Tomas Complex"）土器、器表面が灰色あるいは灰黄褐色を呈し、マニラの北70km のパンパンガ（Pampanga）州、ポラック（Porac）遺跡出土土器と類似（Main & Fox 1982: 1）し、カラタガン地位で少数の陶工によって製作されたか、ポラック周辺地域からの搬入品と考えられる「プロン・バカウ複合」（"Pulong Bakaw Complex"）土器、叉状工具によって刻まれた紋様を持ち、発展期金属器時代からの伝統をひく搬入品と考えられる「櫛描き紋土器」（"Comb-Incised Ware"）である（Main & Fox 1982: 1）。

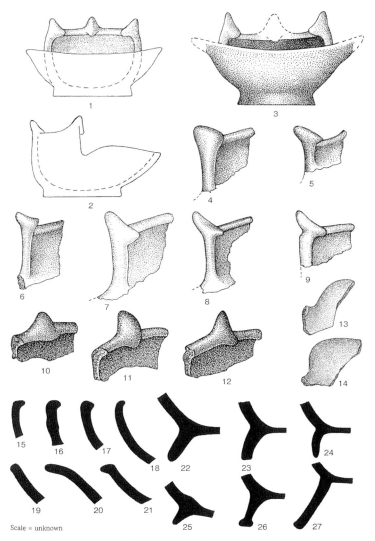

図 1.5. カラタガン（Calatagan）遺跡群出土のカイ・
　　　 トマス（Kay Tomas）複合土器のストーブ

(From Main & Fox 1982: Fig.63 ～ 66)

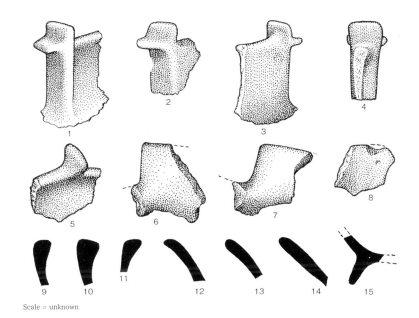

Scale = unknown

図 1.6. カラタガン（Calatagan）遺跡群出土の
　　　 プロン・バカウ（Pulong Bakaw）
　　　 複合土器のストーブ

(From Main & Fox 1982: Fig.90~92)

f) カラタガン遺跡群出土のストーブ

　カラタガン遺跡群出土のストーブは、この三群の土器群のうち、カイ・トマ
ス複合土器とプロン・バカウ複合土器に見られた。以下では、各々の複合土器
のストーブの資料をメイン氏とフォックス氏の報告（Main and Fox 1982）に
基づき概観する。

　カイ・トマス複合土器のストーブは、完形品としては、図1.5.-1~3のよう
に燃焼部と薪置き部からなり、燃焼部は前面が開いた半円筒形を呈し、その口
縁部に調理具支え部として三つの突起が付く。薪置き部の端部は、正面から見

ると両側が上がり、中央が下がっている（図1.5.-1）。また、部分破片として調理具支え部破片ʼ（図1.5.-4〜12）、調理具支え部の基部と口唇部の破片（図1.5.-13，14）、口縁部破片（図1.5.-15〜21）、底部と圏足部破片（図1.5.-22〜27）が出土している。調理具支え部は突起の頂部形態によって、頂部が膨らんだもの（図1.5.-4, 5, 10, 17）と突起の頂部が内反りしてやや窪んでいるもの（図1.5.-6〜9, 12）に二分される。また、突起を支え持つ支え部の破片は、突起が付いている位置によって、前面端部についていたもの（図1.5.-4〜9）と中央奥についていたもの（図1.5.-10〜12）に分けられる。

　一方、プロン・バカウ複合の土器のストーブは、全て部分破片で、調理具支え部破片（図1.6.-1〜5）、調理具支え部の基部と口唇部の破片（図1.6.-6〜8）、口縁部破片（図1.6.-9〜14）、底部と圏足部破片（図1.6.-15）がある。調理具支え部の突起の形態は、カイ・トマス複合土器の突起の形態と異なり、扁平な長方形である（図1.6.-1〜5）。

1.2.4. フィリピン出土のスペイン植民地時代のストーブ

1.2.4.1. サン・ディエゴ号沈船遺跡出土のストーブ

a）サン・ディエゴ号沈船遺跡の位置

　本遺跡は、マニラ湾の外に出たバタンガス（Batangas）州ナスグブ（Nasugbu）のフエゴ（Fuego）岬沖南西約12km にある小島、フォーチュン（Fortune）島の北東沖約1 km の水深50m の海底に所在した（Ronquillo 1993: 15）。

b）サン・ディエゴ号沈船遺跡の考古学的調査

　本遺跡は、F・ゴッジオ（Franck Goddio）氏の率いるワールド・ワイド・ファースト社（World Wide First, Inc.）とフィリピン国立博物館が共同で三次にわたって調査を行った。1991年4月の第一次調査では、沈没船の所在探査と発見が行われ（Ronquillo 1993: 13）、1992年2月〜4月の第二次調査では、出

土した積荷の遺物の取り上げが行われ（Ronquillo 1993: 15）、1993年1月〜4月の第三次調査では、船体上のバラスト石の除去、船体の検出と記録、残る遺物の取り上げが行われた（Ronquillo 1993: 20）。

c）サン・ディエゴ号沈船遺跡において検出された船体の部分と出土遺物

本遺跡に残存していた船体は、船の下半部で、内竜骨、縦板材、竜骨と船尾柱、骨組み、外板、舵などである（Desroches et al. 1996: 146-148）。

出土遺物には、陶磁器としては、芙蓉手皿を含む青花の皿、碗、水注、壺、合子、瓶、坏や龍文の褐釉有耳壺、二彩のトラデスカント（Tradescant）壺など中国製のもの、タイ製の褐釉壺、ミャンマー製と考えられる列点状の白堆を貼りつけた黒褐釉有耳壺、スペイン製のオリーブジャーがある。また、金属製品としては、首飾り、襟飾り、指輪、卵形印などの金製品、坏、皿、フォーク、ナイフの柄、燭台などの銀製品、銅製兜、天体観測儀、天体円儀、ナイフの柄、スプーン、臼、杵、南京錠、南京錠の鍵、砲弾、バックル、日本刀の鍔などの青銅製品、錨、砲弾などの鉄製品、マスケット銃の銃弾、重りなどの鉛製品がある。その他、土器、ガラス製脚台付きグラス片、雪花石膏製インク壺と粉振り器、滑車、壺の栓、ゲームの駒、家具の把手などの木製品、象牙製十字架とチェスの駒、スペイン製銀貨、中国銅銭（萬暦通寶）、イスラム金貨、堅果類、桃の核、ココナッツの殻、マメ科の種子、ブタ、ウシ、ニワトリの骨やニワトリの卵の殻及び人骨がある（Desroches et al. 1996）。

d）サン・ディエゴ号沈船の沈没年代

サン・ディエゴ号の沈没は、サン・ディエゴ号を率いてフィリピンの領海に入ったオランダ船と戦ったフィリピン側艦隊の総司令官、アントニオ・デ・モルガ（Antonio de Morga）がフィリピン在任中の出来事を『フィリピン諸島誌』（*Sucesos de las Islas Filipinas*）という書物に記し、1609年にメキシコで出版

しているため、1600年12月14日のことであった（モルガ 1966: 210-211）とわかる。また、発見された沈船がサン・ディエゴ号であることは、本遺跡出土の金製卵形印がモルガのものであると同定されたところから確証されている。

　e）サン・ディエゴ号沈船遺跡出土のストーブ

　本遺跡出土のストーブ（写真1.3.）は、燃焼部と薪置き部からなっている。燃焼部は、前面が開いた半円筒形で、その口縁部の3箇所に小さな突起がついている。三つの突起のうちの二つは突起の先端が内側に瘤状に張り出した形態である。また、薪置き部は、扇形を呈し、両側から中央にかけて下り傾斜がつき、中央が窪んだ形態を呈する。

写真 1.3. サン・ディエゴ号
　　　　（the San Diego）
　　　　沈船遺跡出土のストーブ

（Courtesy: National Museum
　of the Philippines）
（筆者撮影）

2．フィリピンの民俗例にみられる土製焜炉(ストーブ)

2.1. 第2次大戦前の研究

　第2次大戦前の研究としては、アメリカ人の民族学者、フェイ・クーパー・コール（Fay Cooper Cole）がルソン島北部、アブラ（Abra）州、アバン（Abang）のティンギアン（Tinguian）族の民族誌の中で、ティンギアン族の土器作りを紹介する中で、ストーブについても触れている（Cole 1922: 428）。

2.2. A.スポアーによるミンダナオ島及びスールー諸島の土器作り調査 とストーブ

　第2次大戦後の研究でまず重要なのは、1960年代後半に調査を行い、1970年代にその成果を出版したアメリカ、ピッツバーグ大学（University of Pitts-burgh）のアレキサンダー・スポアー（Alexander Spoehr）によるミンダナオ（Mindanao）島、サンボアンガ半島とスールー（Sulu）諸島のサマ（Sama）族[2]の土器作りについての報告であろう。彼は、1967年と1969年にサンボアンガ半島の南端のサンボアンガ市にあるスペイン植民地時代のピラ要塞（Fort Pilar）等の発掘調査を行った。

　一方、彼は、サンボアンガ半島とスールー諸島において、土器がまだ製作されている場所（製作センター）として以下の7箇所をあげている。すなわち、①サンボアンガ半島南部東海岸のサンガリ（Sangali）村（図2.1.）、②スールー諸島の北部に位置するバシラン（Basilan）島南東海岸沖にある小島カウルアン（Kauluan）島（図2.1.）、③同じくバシラン島の北海岸にあるラミタン（Lamitan）という市場を有する町から数キロ離れてあるバラス（Balas）村（図2.1.）、④

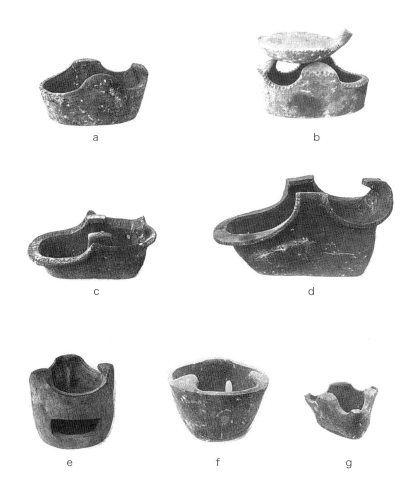

写真 2.1. ミンダナオ島、サンボアンガ（Zamboanga）
半島及びスールー（Sulu）諸島の土器作り
村で製作された現代のストーブ

(From Spoehr 1973: Fig. 67, 78,
68, 69, 70, 71 left, 71 right: 本図
アルファベット順)
a,b, e 〜 g: サンガリ村
c,d: パパパグ島

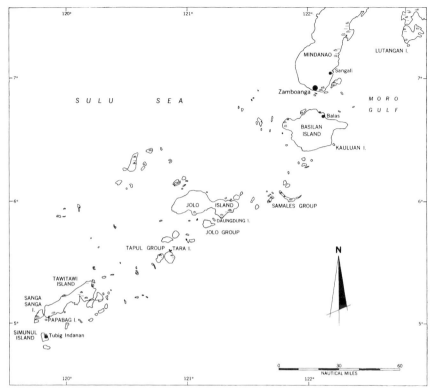

図 2.1. ミンダナオ島、サンボアンガ（Zamboanga）
半島及びスールー（Sulu）諸島の土器作り村

(From Spoehr 1973: Figure.58)

2. フィリピンの民俗例にみられる土製焜炉（ストーブ）　33

スルー諸島中部に位置するホロ（Jolo）島の南海岸沖にある小島、ダウンドゥン（Daungdung）島（図2.1.）、⑤やはりスルー諸島中部のシアシ（Siasi）島の北海岸沖に位置する小島タラ（Tara）島（図2.1.）、⑥スルー諸島南部に位置するボンガオ（Bongao）島の港町の東沖約2kmのところに位置する小島、パパバグ（Papabag）島（図2.1.）、⑦同じくボンガオ島の南部沖11kmに位置するシミヌル（Siminul）島のトゥビッグ・インダナン（Tubig Indanan）村である。そして、これらのうち、ストーブを製作している製作センターとして4箇所があげられている。すなわち、①サンガリ村、②バラス島、③パパバグ島、④シミヌル島（インダナン村）である。そして、スポアーは、これらの村で作られるストーブについて、上から俯瞰して見た時の形態に基づき、①卵形ストーブ（oval stove）、②円形ストーブ（round stove）、③三角形ストーブ（triangular stove）の三つに分類している（Spoehr 1973:118）。その上で、各々のカテゴリーについて記述を行っている。以下では、彼が報告書の中で提示している写真をもとに、各々のカテゴリーのストーブの形態について見た上で彼が指摘している点をまとめておきたい。

①　**卵形ストーブ**：卵形ストーブとされるものは、サンガリ村製作のものが2点（写真2.1-a, b）とパパバグ島製作のものが2点（写真2.1-c, d）の写真が紹介されている（Spoehr 1973: Fig.67～69, 78）。サンガリ村で製作されているストーブ2点は、1点（写真2.1.-a）が通常の日常用であるが、もう1点（写真2.1.-b）は、おままごと用（遊び用）である。日常用のものは、深さが深いのが特徴である。特に薪の焚口となる前面部の器壁は、外側にややひらく形でまっすぐに立ち上がっている。この器壁の頂部となる口縁部は、その外側端部に押捻紋と思われる連続的な窪みを持っている。そして、この口縁部は、奥に行くに従って徐々に円弧を描いて高くなってゆく。その一番高くなった所に、

底部が接するように調理甕が据えられる。この高まりは、左右両方の側壁においてほぼ平行して存在する。凸状に弧を描いて高くなった側壁は、弧の頂部に達した後は、再び凸状に弧を描いてゆるやかに下る。そして、半円弧に達した後は、今度は凹状の円弧を描いて緩やかに下がった後、再び上り始め、最奥部近くまで行った時に、頂部を平坦にして前面に突出する部分を作出する。この部分が、側壁の左右の高まりとともに上に据える調理甕を支える三つの部分の一つとなる。以上見た如く、サンガリ村で作られている日常用のストーブは、ストーブの上部に据える調理甕等の容器を支える部分と側壁がいわば一体化しているのが特徴である。

　一方、パパバグ島で製作されているストーブで写真が提示されている2点は、やや小ぶりで深さの浅いもの（写真2.1.-c）と大ぶりで深さの深いもの（写真2.1.-d）に分けられる。

　小ぶりのものは（写真2.1.-c）は、焚口部の側壁は低く、その側壁の頂部に平坦面を作り、外側に張り出した口縁部がついている。この口縁部は、焚口部の前面から胴部中位までほぼ水平に円弧を描いてつながっているが、半円弧に達した後、上方に向かって高く立ち上がる。そして、立ち上げりきったところで、左右両方の側壁に隅丸角柱状の支え部が左右それぞれ1個づつ直立する形で付いている。この支え部の頂部は、中央がわずかに膨らむ形ではあるがほぼ平坦で、内側に向かって突出している。一方、高くなってからの口縁部は、やはり平坦面をつくるが、その平坦面は水平でなく内側に向って傾斜し、円弧を描いて回っている。また、この平坦面には、2本の平行沈線を1単位とする連続"ハ"の字形の沈線紋が施されている。一方、この平坦面を作る口縁部の側面（厚みの部分）には、短い刻み目が連続的に施されている。また、傾斜した平坦な口縁部の最奥部には、左右の側壁部の内側に付いているものと同様な隅

丸角柱状の支え部が1点貼り付けられている。この角柱の頂部は、写真で見る限り平坦になっており、2本の沈線による山形の沈線紋が施されている。

一方、大ぶりのもの（写真2.1.-d）は、かなり深い焚口部をもっており、その前面の側壁は、前方に向って開き気味の傾斜を持って立ち上がっている。そして、この側壁の上に付く口縁部は、上部が平坦になり、L字状に外側に張り出して付いている。この口縁部平坦面は、焚口部前面で前方にわずかに下がった傾斜をして弧を描いて回っているが、半円に達したあたりから奥に向って急に弧を描いて高く立ち上がっている。そして、上方に行くに従って徐々に幅を狭くして立ち上がり切ったところで、平坦面を作っている。この平坦面は、左右両壁の各々から内側に向ってほぼ直角に突き出している。そして、平坦面からさらに奥の側壁は、もう一度弧を描いて下がった後、最奥部の手前で急に高く上方に立ち上げり、最奥部中央でほぼ側壁と直角に前方に突出する平坦面を作出している。この平坦面は、先に述べた側壁の中央部で、側壁とはほぼ直角をなして内側に突出する二箇所の平坦面とともに上に据える調理甕等の支え部となる。また、壁面の頂部に付けられた平坦面の外側端部の厚み部分には、短い刻み目が連続的に施されている。

　円形ストーブ：円形ストーブは、上から俯瞰して見た時の平面形が円形を呈するものである。2点の写真（写真2.1.-e, f）が示されており、いずれもサンガリ村で製作されているものである。2点のうち1点（写真2.1.-e）は、側壁がほぼまっすぐで円筒形を呈する。口縁部にほぼ等間隔で内側に向ってほぼ水平に突出する3個の突起がついている。各々の突起の形態は、先端部が丸味を帯びた三角形である。突起と突起の間の口縁部は、弓なりに下がっているのが特徴である。また、胴下半部に、横長長方形を呈する穴があいている。焚口であると考えられる。報告書に掲載されている写真からは判然としないが、透か

し状に孔のあいた中底が胴部内面の中間にあるものと思われる。

　2点のうちのもう1点（写真2.1.-f）は、底部から口縁部に向って真っすぐに開いた側面を有するものである。やはり口縁部に等間隔で内側に向って突出する部分があるが、もう1点の円形ストーブとは異なり突出部は、水平ではなく口縁部に付いている基部から先端部にかけて上向きに傾斜している。各々の突起の形態は、先端部が丸味を帯びた三角形であるのは、もう1点の円形ストーブと似るが、突起と突起の間の口縁部がほぼ水平であるのは、もう1点の円形ストーブと異なる。

三角形ストーブ：三角形ストーブは、上から俯瞰した時の平面形が三角形を呈するものである。1点の写真（写真2.1.-g）が示されている。サンガリ村で製作されたものである。平面形が三角形を呈する口縁部のそれぞれの辺の中央部が最も高くなり、不整楕円形を呈する平坦面が作出されている。この部分が上に乗せる調理甕等の支え部となる。一方、三角形の各々の頂点にあたる部分にも、不整三角形の小さな平坦面が作出されている。支え部と三角形の各々の頂点にあたる部分にある小さな不整三角形の平坦面の間の口縁部は、弓なりに下がって湾曲している。側壁は、底部から口縁部に向って開き気味にまっすぐに立ち上がる。ただ三角形の各々の角は、丸味を持っている。

　このスポアーの調査、研究の意義は、以下のようにまとめられよう。すなわち、

1　サンボアンガ半島からスールー諸島にかけて1960年代後半の時点で土器作りを行っている民族集団は、サマ族だけであることを明らかにしたこと。

2　サンボアンガ半島からスールー諸島にかけて1960年代後半の時点で土器を作っていた土器作り村の所在地と土器製作の規模（土器製作者

数)、作られている土器の器種を明らかにしたこと。

である。

2.3. D.スキアンズによるフィリピン全土の土器作り村の集成とストーブ

　次に重要なストーブに関する民族誌的研究は、ポートランド州立大学（Portland State University）のダニエル・スキアンズ（Daniel J. Scheans）によって1968年7月から1969年7月にかけて調査が行われ、フィリピン国立博物館のモノグラフの第3巻として1977年に刊行された『フィリピンの市場土器』（*Filipino Market Potteries*）である。この仕事は、フィリピン全土にわたって1960年代末期に存在していた土器づくり村とその村における土器作りを集成した仕事として画期的である。彼が集成した土器作り村は、45箇所に及んでいる。モノグラフの記述において、彼はこれらの土器作り村をまず三つの大きな地域、すなわち、1. 中部、南部フィリピン、2. 南部、中部ルソン島、3. 北部ルソン島に分けてその各々の地域ごとに、民族言語集団に従って土器作り村及び土器作りを分けてまとめている。1. 中部、南部フィリピンについては、I. イロンゴ土器（Ilongo pottery）、II. セブアン土器（Cebuan Pottery）、III. リロアンの甕作り工場（The Liloan Jar Factories）、IV. サマール・レイテ土器（Samar-Leyte Pottery）、V. マギンダナオ・イラヌン土器（Magindanao-Iranun Pottery）の五つに、2. 南部、中部ルソン島については、VI. ビコール土器（Bikol Pottery）、VII. タガログ土器（Tagalog Pottery）の二つに、3. 北部ルソン島土器については、VIII. イロコ土器（Iloko Pottery）、IX. ティンギアン土器（Tinggian Pottery）、X. イタヴィ土器（Itavi pottery）、XI. イバタン土器（Ivatan Pottery）の四つに分けて記述している。そして、民族・言語集団ごとに (1) 民族・言語集団の位置、(2) 研究された村落の位置、(3) 一般経済、(4) 土器産業（製作している土器の器種）、(5) 土器の大きさ（土器のサイズ区分）、(6)

容器の部位呼称、(7) 成形技術と労働分業、(8) 陶工の道具、(9) 粘土、(10)
使われる工程、(11) 社会組織、(12) 生産と販売、(13) 改良について述べて
いる。ただし、各民族言語集団について、必ずしも全ての項目が調べられてい
るわけではない。以下では、各々の民族・言語集団ごとにストーブの製作を行っ
ている村々をみていきたい。

　１．イロンゴ土器：イロンゴ族の土器のうち、ストーブの製作を行っている
と報告されている村は、二つある。すなわち、ネグロス（Negros）島、ネグ
ロス・オクシデンタル（Negros Occidental）州、シライ（Silay）、グインヒラ
ラン（Guinhilaran）村（図2.2.-3）とミンダナオ（Mindanao）島、コタバト
（Cotabato）州、マルベル（Marbel）、サン・フェリペ（San Felipe）村（図
2.2-2）である。前者の村では、有底の薪用ストーブがカラン（kalan）と呼ばれ、
無底のものがカラン・ワラ・バニッグ（kalan wala banig）あるいはカラン・
ワラン・ブリ（kalan wala buli）と呼ばれ、木炭用の有底ストーブがオリンガ
ン（olingan）と呼ばれている（Scheans 1977: 9）こと、後者の村では、輪形
ストーブがカラン（kalan）と呼ばれ、有底木炭ストーブがオリンガン（olingan）、
あるいはシリン（siring）と呼ばれていることが報告されている（Scheans
1977: 36）。図が示されているのは、カラン・ワラ・バニグが２点（Scheans
1977: PLATE Ⅷ -c, d）とカランあるいはスガング（Scheans 1977: PLATE
Ⅷ -e）である。カラン・ワラ・バニグの１点（図2.3.-a）は高さが8.2cm で、
胴部径が26.0cm である。もう１点（図2.3.-b）は、高さが16.9cm で、胴部径が
28.8cm である。カラン或いはスガングの１点（図2.3.-c）は、高さが18.9cm で
胴部径が25.6cm である。図示されている３点はいずれも底が無く、口縁は、1
周するものである。

　２．セブアン土器：セブ族の土器のうち、ストーブの製作を行っていると報

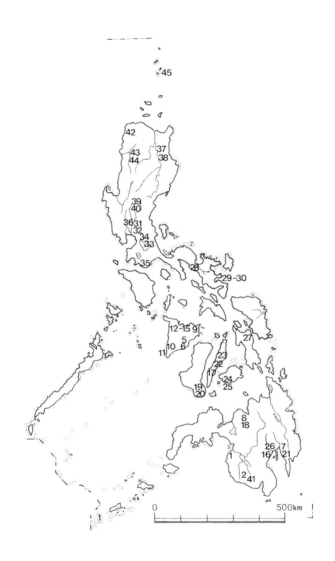

図 2.2. フィリピンにおける
土器作り村の分布

(From Scheans 1977: Fig.1 一部改変)

告されている村は、二つある。すなわち、ミンダナオ島、ダバオ・スール（Davao Sur）州、ディゴス（Digos）、マッティ（Matti）村（図2.2.-16）とネグロス島、ネグロス・オリエンタル（Negros Oriental）州、ドゥマゲテ（Dumaguete）市、ダロ（Daro）村（図2.2.-19）である。前者の村で製作されているのは、無底輪形ストーブのスガング（sugang）、スガングに似るが支えを持たないリボン（libon）、有底ストーブのカラン（kalan）、2重底のある木炭ストーブのランギット・ランギット（langit langit）である（Scheans 1977: 40）。後者の村で製作されているのは、輪形ストーブのカラン・オナイ（kalan onay）と薪用ストーブのスガング・オナイ（sugang onay）である（Scheans 1977: 55）。図示されているのは、スガングが5点、カランが1点、オリンガンが1点である（Scheans 1977: PLATE Ⅷ-f, Ⅸ-a～f）。スガング5点のうち2点（図2.3.-d, e）は、前面の口縁部が閉じないもので、残りの3点（図2.3.-f～h）は口縁部が1周して閉じているものである。スガングのうち、前面の口縁部が閉じてない二つのうちの一つ（図2.3.-d）は、高さが15.5cmで、胴部径が23.0cmである。一方、もう1点のもの（図2.3.-e）は、高さが13.3cmで、胴部径が21.5cmである。それに対して、前面の口縁部が閉じているものの中の1番目のもの（図2.3.-f）は、高さが19.1cmで、胴部径が23.1cmで、2番目のもの（図2.3.-g）は、高さが18.7cmで、胴部径が24.2cmで、3番目のもの（図2.3.-h）は、高さが22.4cmで、胴部径が23.0cmである。一方、オリンガン（図2.4.-a）は、高さが19.4cmで、胴部径が21.2cmである。一方、カラン（図2.4.-b）は、高さが16.2cmで、胴部径は26.1cmである。

　3．サマール―レイテ土器：サマール（Samar）島とレイテ（Layte）島のワライ・ワライ（Waray-Waray）族の土器作り村のうち、ストーブの製作を行っていると報告されている村は、レイテ島、タナウアン（Tanauan）のカンラモ

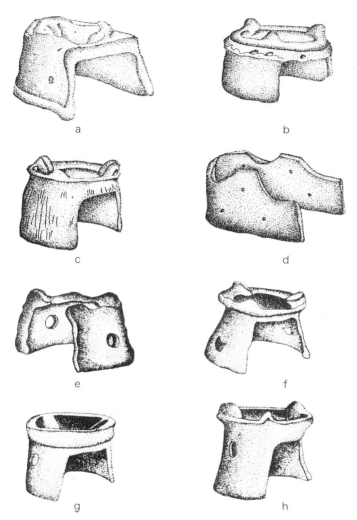

a

b

c

d

e

f

g

h

（スケール不明、大きさは本文中に記載）

図 2.3. フィリピンの各地の土器作り村で作られた
　　　ストーブ

（From Scheans 1977: PLATE Ⅷ -c 〜 f,
PLATE Ⅸ -b 〜 e：本図アルファベット順）
a 〜 c: イロンゴ土器 d 〜 h: セブアノ土器

2. フィリピンの民俗例にみられる土製焜炉（ストーブ）　43

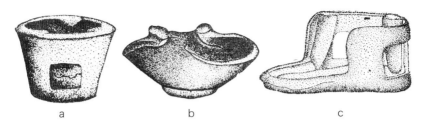

図 2.4. フィリピンの各地の土器作り村で作られた
　　　ストーブ

（スケール不明、大きさは本文中に記載）

（From Scheans 1977: PLATE IX-f, a,
PLATE X-b：本図アルファベット順）
a ～ b: セブアン土器
c: イヴァタン土器

ス（Canramos）村（図2.2.-27）である。この村では、持ち運びのできる輪形ストーブをスガング（Sugang）あるいはカラン（Kalan）と呼ぶと報告されている（Scheans 1977: 68）。図が提示されている資料はない。

　4．マギンダナオ・イラヌン土器：ミンダナオ島マギンダナオ族及びイラヌン族の土器作り村のうち、ストーブの製作を行っていると報告されている村は、ミンダナオ島、コタバト州のリネク（Linek）町（図2.2.-1）である。この村で作られる有底の長く伸びたストーブは、ダプラン（dapuran）とよばれている（Scheans 1977: 74）。図が提示されている資料はない。

　5．ビコール土器：ルソン島南部のビコール族の土器作り村のうち、ストーブの製作を行っていると報告されている村は、3箇所ある。すなわち、ルソン島、カマリネス・スール（Camarines Sur）州、リブマナン（Libmanan）のビガオ・ノルテ（Bigao Norte）村（図2.2.-28）及びルソン島アルバイ（Albay）州、ティウイ（Tiwi）のバイバイ（Baybay）村（図2.2.-29）及び同じくアルバイ州、ティウイのボロ（Bolo）村（図2.2.-30）である。ビガオ・ノルテ村では、馬蹄形の輪状ストーブがトゥンク（tungku）と呼ばれ、通気孔を持った

輪形ストーブがカラン（kalan）と呼ばれており（Scheans 1977: 80）、バイバイ村では、ストーブがカラン（kalan）と呼ばれ（Scheans 1977: 83）、ボロ村では、木炭用ストーブがプゴン・サ・ウリン（pugon sa uling）と呼ばれ、薪用ストーブがプゴン・サ・カホイ（pugon sa kahoy）と呼ばれている（Scheans 1977: 83）。図が提示されている資料はない。

　６．タガログ土器：ルソン島中部のタガログ族の土器作り村のうち、ストーブの製作を行っていると報告されている村は、３箇所ある。すなわち、ルソン島、バタンガス（Batangas）州、サン・ファン（San Juan）のパラハナン（Palahanan）村（図2.2.-35）、ルソン島、リサール（Rizal）州、パシグ（Pasig）のロザリオ（Rosario）村（図2.2.-33）及びルソン島、ブラカン（Bulacan）州、カルンピット（Calumpit）のガトブカ（Gatbuca）村（図2.2.-32）である。３箇所すべての村において、ストーブは、カランと呼ばれているが、ガトブカ村では、木炭用ストーブをカラン・ハポン（kalang hapon）（日本のストーブ）[3]と呼んでいる（Scheans 1977: 88）。図が提示されている資料はない。

　７．イロコ土器：ルソン島北部を中心とするイロコ（イロカノ）族の土器作り村のうち、ストーブの製作を行っていると報告されている村は、４箇所である。すなわち、ルソン島イロコス・ノルテ（Ilocos Norte）州、サン・ニコラス（San Nicolas）村（図2.2.-42）、ルソン島、ヌエバ・ヴィスカヤ（Nueva Vizcaya）州、ソラーノ（Solano）のワカル（Wakal）村（図2.2.-39）、ルソン島、ヌエバ・ヴィスカヤ州、バヨンボン（Bayombong）のサルバシオン（Salvacion）村（図2.2.-40）、ミンダナオ島、コタバト（Cotabato）州、マルベル（Marbel）（図2.2.-2）である。これら４箇所のいずれの村においてもストーブは、ダリカン（dalikan）と呼ばれている（Scheans 1977: 94）。図が提示されている資料はない。

8 . イタヴィ土器：ルリン島北部のイタヴィ（イタウェス）族の土器作り村のうち、ストーブの製作を行っていると報告されている村は、2箇所ある。すなわち、ルソン島、カガヤン（Cagayan）州、イグイグ（Iguig）のアトル（Atulu）[4] 村（図2.2.-37）とルソン島、カガヤン州、トゥゲガラオ（Tuguegarao）市、ピングイ（Pingui）村（図2.2.-38）である。2箇所双方の村で、ストーブは、カラン（kalan）と呼ばれている（Scheans 1977: 108）。図が提示されている資料はない。

　9 . イヴァタン土器：ルソン島と台湾の間にある海峡に点在するバタネス（Batanes）諸島のイヴァタン族の土器作り村のうち、ストーブの製作をおこなっていると報告されている村は、1箇所である。すなわち、バタン（Batan）島、ウユガン（Uyugan）[5] 村（図2.2.-45）である。製作されているストーブは、長方形の有底ストーブがダリカン（dalikan）と呼ばれ、木炭用ストーブは、チャーコール・ストーブ（charcoal stove）と呼ばれている（Scheans 1977: 114）。ダリカン1点（図2.4.-c）が図示されている（Scheans 1977: PLATE X -b）。高さは、25.2cm[6] で、長さは、171.0cmである。

　本節では、スキアンズによるフィリピン全土の土器作り村の集成研究をもとに彼が調査を行った1968年7月〜1969年7月の間にストーブを製作していた村とそこでのストーブの呼称を抽出した。その結果をわかりやすくするために一覧表（表2.1.）としてまとめたので以下にそれを提示したい。

	民族 言語集団	土器製作村所在地	総称の有無 と総称	各種の焜炉の名称と特徴
(1)	イロンゴ (Ilongo)	ネグロス（Negros）島、ネグロス・オリエンタル（Negros Oriental）州、シライ（Silay）、グインヒララン（Guinhilaran）村	有：カラン (kalan)	(1) カラン（kalan）：底部のある薪用輪形ストーブ (2) カラン・ワラン・バニグ（kalan wala banig）：無底ストーブ、あるいはカラン・ワラン・ブリ（kalan wala buli）：無底ストーブ (3) オリンガン（olingan）：木炭用有底ストーブ (4) ボクボク（bokbok）：おがくず用ストーブ (5) パリルヤハン（parilyahan）：レストランからの特別注文によって作られる木炭用ストーブ。多量のバーベキューの調理に使われる。
(2)	イロンゴ (Ilongo)	ミンダナオ（Mindanao）島、コタバト（Cotabato）州、マルベル（Marbel）、サン・フェリペ（San Felipe）村	無	(1) カラン（kalan）：輪形ストーブ (2) オリンガン / シリン（olingan/siring）：有底木炭ストーブ
(3)	セブアノ (Cebuano)	ミンダナオ（Mindanao）島、ダバオ・スール（Davao Sur）州、ディゴス（Digos）、マッティ（Matti）村	有：スガング (sugang)	(1) スガング（sugang）：支えのある無底輪形ストーブ (2) リボン（libon）：スガングに似るが支えを持たないもの (3) カラン（kalan）：支えを持つ有底盤形ストーブ (4) ランギット・ランギット（langit langit）：二重の底部を持つ木炭用ストーブ
(4)	セブアノ (Cebuano)	ネグロス（Negros）島、ネグロス・オリエンタル（Negros Oriental）州、ドゥマゲテ（Dumaguete）市、ダロ（Daro）村	無	(1) カラン・オナイ（kalan onay）：二つの部分から作られた輪形ストーブ (2) スガング・オナイ（sugang onay）：薪用ストーブ
(5)	ワライ・ワライ (Waray Waray)	レイテ（Leyte）島、タナウアン（Tanauan）、カンラモス（Canramos）村	無	(1) スガング / カラン（sugang/kalan）：持ち運びできる輪形ストーブ
(6)	イラヌン (Iranun)	ミンダナオ（Mindanao）島、コタバト（Cotabato）市、リネク（Linek）		(1) ダプラン（dapuran）：有底の長くのびたストーブ
(7)	ビコール (Bicol)	ルソン（Luzon）島、カマリネス・スール（Camarines Sur）州、リブマナン（Libmanan）、ビガオ・ノルテ（Bigao Norte）村	無	(1) トゥンク（tungku）：馬蹄形の輪状ストーブ (2) カラン（kalan）：切り出しの窓（通気孔）を持った輪形ストーブ
(8)	ビコール (Bicol)	ルソン（Luzon）島、アルバイ（Albay）州、ティウィ（Tiwi）、バイバイ（Baybay）村		(1) カラン（kalan）：ストーブ
(9)	ビコール (Bicol)	ルソン（Luzon）島、アルバイ（Albay）州、ティウィ（Tiwi）、ボロ（Bolo）村	有：カラン / ストーブ（kalan/stove）	(1) プゴン・サ・ウリン（pugon sa uling）：木炭用ストーブ (2) プゴン・サ・カホイ（pugon sa kahoy）：薪用ストーブ

表2.1. フィリピンの各民族によって作られる現代のストーブの種類と呼称

(10)	タガログ (Tagalog)	ルソン（Luzon）島、バタンガス（Batangas）州、サン・ファン（San Juan）、パラハナン（Palahanan）村	-	(1) カラン（kalan）：圏足を持った盤形のストーブ。しばしば長くのびた前部を持つ。子どものおもちゃ用のミニチュアのみ製作。
(11)	タガログ (Tagalog)	ルソン（Luzon）島、リサール（Rizal）州、パシグ（Pasig）、ロザリオ（Rosario）村	無	(1) カラン（kalan）
(12)	タガログ (Tagalog)	ルソン(Luzon)島、ブラカン(Bulakan)州、カルンピット(Calumpit)、ガトブカ(Gatbuca)村	無	(1) カラン（kalan）：植木鉢形で燃焼室の上に底部を持つ小形の木炭用ストーブ
(13)	イロコ (イロカノ) (Iloko)	ルソン(Luzon)島、イロコス・ノルテ(Ilocos Norte)州、サン・ニコラス(San Nicolas)村	無	(1) ダリカン（dalikan）：有底盤形ストーブ
(14)	イロコ (イロカノ) (Iloko)	ルソン(Luzon)島、ヌエバ・ヴィスカヤ(Nueva Vizcaya)州、ソラーノ(Solano)、ワカル(Wakal)村	無	(1) ダリカン（dalikan）
(15)	イロコ (イロカノ) (Iloko)	ルソン(Luzon)島、ヌエバ・ヴィスカヤ(Nueva Vizcaya)州、バヨンボン(Bayombong)、サルバシオン(Salvacion)村	無	(1) ダリカン（dalikan）
(16)	イロコ (イロカノ) (Iloko)	ミンダナオ(Mindanao)島、コタバト(Cotabato)州、マルベル(Marbel)村	無	(1) ダリカン（dalikan）
(17)	イタヴィ (Itavi)	ルソン(Luzon)島、カガヤン(Cagayan)州、イグイグ(Iguig)、アトル(Atulu)村	無	(1) カラン（kalan）
(18)	イタヴィ (Itavi)	ルソン(Luzon)島、カガヤン(Cagayan)州、トゥゲガラオ(Tuguegarao)市、ピングイ(Pingui)村	無	(1) カラン（kalan）
(19)	イバタン (Ivatan)	バタン(Batan)島、ウユガン(Uyugan)村	無	(1) ダリカン（dalikan）：頭部が切り取られた長方形の有底ストーブ (2) チャーコール・ストーブ（charcoal stove）：植木鉢のような木炭用ストーブ。最近の新導入品。

表2.1. フィリピンの各民族によって作られる現代のストーブの種類と呼称

2.4. 田中和彦によるフィリピン北部、アトル村における土器作り調査とストーブ

　アトル（Atulu）村は、カガヤン州の州都トゥゲガラオ（Tuguegarao）から15km 程北上した所に位置する村（図2.2.-37）である。トゥゲガラオの町を出て車で北上してゆくと道の両側に田圃が広がる光景が続く中で、時折、緩い起伏のある丘陵をいくつか越えてゆく。アトル村は、そうした緩い丘陵の一つに立地する村で、行政的には、イグイグ（Iguig）町に属する。また、その住民は、イタウィス（Itawis or Itavi）族が中心である。この村の調査時（2011年4月）の人口は、306家族、1240人であった（Unknown n.d.）。以下では、筆者がフィリピン国立博物館のアメ・ガロン（Ame M. Garong）氏と2011年及び2012年に行った同村の陶工、フリエッタ・バンニバン（Julieta Bangibang）さんによる土製ストーブの製作工程を報告する。

a）アトル村におけるストーブの製作工程

　1.）粘土採集と素地作り

　ストーブの製作に使用する粘土は、フリエッタさんの夫であるヘナロ・バンニバン（Genaro Bangibang）さんが、村の南側の粘土採集地となっている窪地（写真2.2.）で鉄製の掘り棒を使って採集する。採集した粘土は、ナイロン製の米袋に入れて頭上に乗せて家まで運ばれる。家に運ばれた粘土は、やはりヘナロさんによってナイロン製の米袋を左右に裂いて長くしたものの上に広げられ、竪杵で搗かれて（写真2.3.）均質にされ、成形のための素地にされる。

　2.ストーブの成形

　2-a）成形の場所と成形の準備

　ストーブの成形は、家の入口の前の日蔭になった場所で行われる。まず、地

面に大きめのビニールを敷き、その一端に長方形の板を置いて、その上に腰を
おろす。この時、背は、隣家の家の壁を向いている。また、腰をおろした際に
左足は膝を曲げ、右足は、右斜め前に伸ばしている。この曲げた左足と伸ばし
た右足の間に作業板を置く。この作業板は、中心に円形孔をあけた3枚の方形
板を重ねたもので、中心の孔には木製の軸が通されている（写真2.4.）。また、
上から1枚目の板と2枚目の板の間には、中央に孔をあけた円形の布やはり
中央に孔をあけた円形のプラスチックが挟まれている。また、2枚目の板と3
枚目の板の間にも円形のプラスチックが挟まれている。また、この軸を通した
3枚の作業板の上にさらに長方形の作業板を置く。この作業板には、孔などは、
穿たれていない。ストーブの製作は、この最上部に据えられた長方形の作業板
の上で行われる。

2-b）ストーブの機能と部位名称

　まず、成形過程の説明に入る前に、ストーブの各部位の名称について、完成

写真 2.2. ルソン島北部、アトル（Atulu）　　　　　（筆者撮影）
　　　　村の粘土採集地と粘土採集

品をもとに説明を行いたい。ストーブは、一般に上に調理具をかけ、下から火を焚いて加熱する燃焼部と先端に火がついた薪を置く薪置き部からなっている（写真2.5.-a）。そして、燃焼部の口縁部には、上にかける調理具を安定的に支えるための支柱が三つついている。また、底部には、前方と後方のそれぞれに扁平な足がついている（写真2.5.-b）。

2-c）底部の成形

まず、長方形の作業板の上に柱状にした粘土塊を置く。そして、石を使って粘土を扁平で大きな卵形に伸ばす（写真2.6.-a）。これが、ストーブの底部となる。

2-d）器壁の成形

次に粘土塊からちぎり取った粘土を右手と左手で握っていき、太く長い粘土棒を作る。そして、その粘土棒を左手で握って押して扁平にし、長い粘土帯を作る。この粘土帯を先に作った底部の上に縁に沿って置く。最初に置くのは、

写真 2.3. ルソン島北部、アトル（Atulu）村における竪杵を使った素地作り

（筆者撮影）

写真 2.4. ルソン島北部、アトル（Atulu）村で使われている土器成形作業板

（筆者撮影）

右側壁中位から燃焼部先端部を通り、左側壁中位までである。次に、もう１本同じ形の粘土帯を作り、先に置いた粘土帯に繋げる形で、左側壁の中位から薪置き部の前面を通り右側壁の前面まで底部に沿って置く。この時、最初に置いた粘土帯の先端部は、まだ繋がらずに間があく。そして、この間の部分に粘土を入れる。これによって、器壁の最下段部が完成する。

　次に、最下段部を作ったのと同じ方法で粘土棒を作り（写真2.6.-b）、それを握って押していき扁平な粘土帯にし（写真2.6.-c）、右側壁中位から燃焼部先端部を通り、左側壁中位までをまず重ねる（写真2.6.-d）。そして、それに繋げる形で、左側壁の中位から右側壁の前面まで最下段部の上に重ねる（写真2.6.-e）。そして、最下段部と同様に、繋がっていない間の部分に粘土を入れる。これで、器壁の２段目が完成する。

　今度は、底部と器壁の最下段部、器壁の最下段部と２段目の繋ぎを強固にす

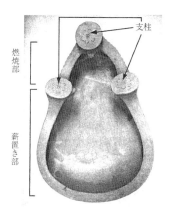

写真 2.5.-a
ルソン島北部、アトル（Atulu）村で
製作されたストーブとその部位
（筆者撮影）

（筆者撮影）

写真 2.5.-b
ルソン島北部、アトル（Atulu）村
で製作されたストーブとその部位

写真 2.6. ルソン島北部カガヤン州アトル村のストーブづくり　　　（筆者撮影）

る作業を行う。すなわち、右手の人指し指を鉤状に曲げ、器壁の外側面を底部から口縁部に向けて射位に撫で上げる（写真2.6.-f）。次に、左手に持った当て具石を器壁の内側に当て、右手に持った叩き石で器壁の外側から叩く（写真2.6.-g）。そして、この作業を器壁全体に亘って行うことによって、積み重ねた粘土帯どうしをしっかりと繋ぐ。その後、竹ベラを使って、器壁外面を最初は横方向に（写真2.6.-h）、次に下から上に向って縦方向に撫で余分な粘土を削りとる。

2-e) 支柱の成形

　器壁の成形後、器壁の上に付く3個の支柱が作られる。すなわち、両手で粘土を捏ね（写真2.7.-a）て、砲弾形の粘土塊を3個作り、製作中のストーブの中に置く（写真2.7.-b）。そして、この砲弾形の粘土塊の一つを取り上げ、先細りした先端部を二又に分ける。この二又の部分を下に向けて、器壁の外側に二又の一方を出し、内側に二又の他方の部分を出すことによって器壁を挟むように跨がせて据える（写真2.7.-c, d）。3個の砲弾形粘土塊を据える順番は、左右の両側壁が先細りして交わる最奥部にまず一つを据え（写真2.7.-c）、次に右側壁やや端部よりに一つ、最後に左側壁やや端部よりに一つを据える（写真2.7.-d）。ただし、最初に据えられた最奥部の支柱は、据えた後すぐに支柱端部の二又にした部分のうち、内壁に跨らせた部分を横位に撫でてつぶし、器壁内面との繋がりを強固にする。また、支柱右側面の上端及び左側面上部から支柱が器壁と繋がる部分までを少量の粘土を加えながら右手親指で撫でて、支柱と器壁の繋がりを強固にする。また、さらに支柱と器壁の繋がりを強固にするため、支柱と器壁のつなぎ目にあたる部分を外面から叩き板で叩く（写真2.7.-e）。そして、最奥部の支柱に続いて、側壁上の支柱と器壁のつなぎ目の外面も叩く（写真2.7.-f）。この後、今度は、叩き板の拍打部を握り、本来、柄にあたる部分の

写真 2.7. ルソン島北部カガヤン州アトル村のストーブづくり　　　　（筆者撮影）

2. フィリピンの民俗例にみられる土製焜炉（ストーブ）　　55

写真 2.8. ルソン島北部カガヤン州アトル村のストーブづくり　　　（筆者撮影）

基部を使って、最奥部の支柱と側壁上の支柱の間の壁の上部を平坦にする（写真2.7.-g）。この後、湿らせた布を器壁頂部に内側から外側にかけて跨ぐようにかぶせ、それで器壁上端部を押し拭うことによって平坦で滑らかな上端部の面を作出する（写真2.7.-h）。この後、まだ丸味を持っている支柱の頂部（写真2.8.-a）を叩き板の拍打面を使って叩くことによって円形の平坦な面にする（写真2.8.-b, c）。そして、拍打することによって生じた支柱基部の歪みを調整する（写真2.8.-d）。この後、最奥部の支柱と側壁上の支柱の間の壁上面の外縁部に指の腹を使って小さな波状の紋様を作出する（写真2.8.-e）。

2-f）付属部位の成形と調整、乾燥

そして、火を扱うことによって側壁に亀裂が生じた時、針金を通して側壁を緊縛するための孔が穿たれた瘤状把手を側壁の支柱外面と最奥部の支柱外面に貼り付けによって作成する（写真2.8.-f）。再び湿った布を使って壁の上端部を拭う（写真2.8.-g）。そして、金属製の削り具を使って器壁内面の余分な粘土を削り取る（写真2.8.-h）。この作業までを終わるとストーブは、長方形の作業板に乗せたまましばらく乾燥させられる（写真2.9.-a）。

2-g）足部の成形

そして、午後になってから底部に粘土を継ぎ足して足部が作られる。足部の成形は、最初に足部を貼り付ける底部の部分を薄く削る。すなわち、底部は、底部周囲が薄く削られた状態になる（写真2.9.-b）。その後、粘土塊から足部にする分量の粘土を取り、両手で握りながら太い棒状粘土を作り、さらにそれを押して帯状にする（写真2.9.-c）。この作業は、器壁作る際の作業と似ている。そして、表に支柱がある方の底部外面前方部にその粘土帯を貼り付ける（写真2.9.-d）。そして、支柱部とは反対側の薪置き部の底部外面後方部にも同様にして作成した粘土を貼り付ける。そして、この足部と底部のつなぎを強固にする

写真 2.9. ルソン島北部カガヤン州アトル村のストーブづくり　　　　（筆者撮影）

ために、足の端部から底部とのつなぎ部分に向けて、足部外面の粘土を撫でて伸ばす（写真2.9.-e）。次いで、底部外面まで伸ばした粘土を横方向に撫でてつなぎをさらに強化する（写真2.9.-f）。薪置き部底部外面の足についても同様に足と底部のつなぎを強固にした上で、竹ベラによって撫でる（写真2.9.-g）。最後に足の内側から外側に湿らせた布をまたぐようにかけて、左手で足を布の上からつかんで拭う（写真2.9.-h）。この作業の後、外面全体が研磨石によってこすられる（写真2.10.-a）。そして、底面も縦方向に研磨石によって研磨される（写真2.10.-b）。この後、底部を上に向けて乾燥が行われる（写真2.10.-c）。

3. 焼成

　焼成は、毎週土曜日に行われる。焼成の日である土曜日は、焼成する予定の土器の湿気を除去し、焼成時の温度上昇を少しでも和らげるため、土器は、日向に出して直接日光にさらされる（写真2.10.-d）。この後、風通しの良い広場に土器を持って行き、平坦な地面の上に竹を井桁状に並べ、その上に土器を置いて重ねてゆき、周囲を割竹、あるいは牛糞で囲う（写真2.10.-e,f）。この後、風下側の割竹を稲藁で覆い、火をつける（写真2.10.-g, h）。そして、順次、稲藁を風上に向ってくべてゆく。火入れから焼き上がりまでは、約2時間を要する。

　本節では、ルソン島北部、カガヤン州の土器作り村、アトル村の陶工フリエッタ・バンニバンさんのストーブの製作工程を写真を示しながら報告した。アトル村のストーブ製作については、これまでにもスキーンズによるフィリピンの現代の土器作りの集成の中で簡単な報告が行われたことがあった（Scheans 1977: 111-112）が、文章のみの提示であったため、製作の細部が理解しずらかった。そこで、本節では、製作工程を、1．粘土採集と素地作り、2．成形、3．焼成の大きく3段階に分けて写真とともに提示した。特に成形については、a)

写真 2.10. ルソン島北部カガヤン州アトル村のストーブづくり　　　　（筆者撮影）

成形の場所と成形の準備、b）ストーブの機能と部位名称、c）底部の成形、d）器壁の成形、e）支柱の成形、f）付属部位の成形と調整・乾燥、g）足部の成形に分けて提示した。これによって製作の細部がより明確になったと思う。特に、器壁については、長い粘土帯2本と短い粘土帯1本の3本の粘土帯を2段に重ねにして作られていることが判明した。また、器壁の成形と足部の成形は、成形に使う粘土帯の作出方法が類似していることも判明した。また、ストーブという器種の特徴となる部位である支柱の成形方法の詳細は、考古学的資料の検討に際に参考となろう。

3．フィリピン周辺地域出土の土製焜炉（ストーブ）

　以下では、南中国、ベトナム中部、ベトナム南部、マレーシアのサバ州の順でフィリピン周辺地域出土のストーブを見ていきたい。

3.1. 中国浙江省、河姆渡遺跡出土のストーブ

3.1.1. 河姆渡遺跡の位置と立地

　本遺跡は、東経121度22分、北緯29度58分に所在し、浙江省の杭州湾南岸の寧紹平野の東部に位置している（浙江省文物考古研究所2003: 3）。また、本遺跡は古い稲資料が出土したことで知られる著名な遺跡である。

3.1.2. 河姆渡遺跡の発見と発掘調査

　本遺跡は1973年夏に遺跡の北西角を流れる姚江の排水施設を建設する際に発見され、浙江省文物考古研究所によって第1次発掘調査が1973年11月9日から1974年1月10日まで行われ、遺跡の西南部地区に5×5mの発掘坑を28箇所設定して700㎡の面積の発掘が行われた（浙江省文物考古研究所 2003: 5）。

　一方、それに続く第2次発掘調査は、同研究所によって1977年10月8日から1978年1月28日まで第1次発掘調査地区より20m北側に10×10mの発掘区を20箇所設定して約2000㎡の面積の発掘が行われた（浙江省文物考古研究所2003: 6）。

3.1.3. 河姆渡遺跡の層序

　本遺跡の層序は、耕作土及び沖積層の下に1層から2A層，2B層，3A層，3B層，3C層，4A層，4B層と8枚の層がほぼ水平堆積をしていた（浙江省文物考古研究所2003: 図5）。ストーブが検出された3B層は、砂質の灰色土で柔らかく比較的厚い堆積をもっている。すなわち、0.1～1.1mの厚さを有する（浙江省文物考古研究所 2003: 10）。

3.1.4. 河姆渡遺跡出土ストーブとの共伴遺物

　ストーブが出土した3B層からは、木柱、木板などの木造建造物の部分が出土した他、石器、骨器、木器、土器が出土しており、土器は、炭が混入する灰色土器が主体で、次に砂と炭の混じる土器が多く、その他に少量の泥質の赤色土器が出土している（浙江省文物考古研究所2003: 10）。土器の器種としては、釜、罐、鉢、豆、盆、盤、甑、器蓋、釜の支脚があり、土製品として紡錘車もある（浙江省文物考古研究所2003: 10）。一方、骨器としては、骨耜が多く出土し、その他に象牙製の蝶形の製品、木胎漆碗などの出土も注目される（浙江省文物考古研究所 2003: 10）。

3.1.5. 河姆渡遺跡の年代

　ストーブが出土した本遺跡の3B層からは、B.P.6215±125（BK78105）、B.P.6265±190（BK78106）、B.P.6905±220（BK78109）、B.P.5950±115（BK78110）、B.P.6705±125（BK78111）、B.P.6265±190（BK78113）、B.P.6850±130（BK78119）、B.P.6010±130（ZK0589）の8点のC14年代がえられている（浙江省文物考古研究所 2003: 370）。上記の年代のうち、幾分古いもの2点を除外した上で、報告者は、3層の年代を6300年前〜6,000年前と推定している（浙江省文物考古研究所 2003: 370）。

3.1.6. 河姆渡遺跡出土のストーブ

　出土したストーブについては、報告書の記述をもとに概観したい。すなわち、「ストーブ[7]（図3.1. 写真3.1.）は、1点が第2次調査の発掘坑の最も北側の中央に位置する発掘坑において3B層から出土した」（浙江省文物考古研究所 2003: 238）。「当該土器は砂を含む灰色土器で、口縁部は平坦で、（平面形は）靴底の形を呈し、焚口部は流れるような形で底は平底である。そして、その底には圏足が付き、直径2.2cmの4個の小円孔が施されている。外側の側面の左右にそ

れぞれ1個ずつループ状の把手がついている。そして、この把手の対応する位
置の内面に上に調理具を乗せる支え部が左右一つずっと、奥壁中央部に一つ付
いている。全体の長さは54cmで、残っている部分での高さは25.2cm、焚口部
の幅が39cmで圏足の残っている部分での径が21.5cmから28.8cmである。」(浙
江省文物考古研究所 2003: 238) とされている。私見であるが、上部の調理具
を支える部分が側面胴部の中位にあるのは、重要であると考えられる。

(From 浙江省文物考古研究所
2003 下冊：彩版四六（XL VI-1））

写真 3.1.
中国、浙江省、河姆渡遺跡
3B 層出土のストーブ

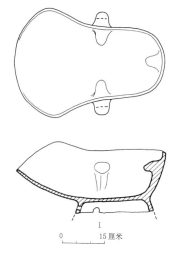

(From 浙江省文物考古研究所
2003 上冊：図一六六－１）

図 3.1.
中国、浙江省、河姆渡遺跡
3B 層出土のストーブ

3.2. ベトナム中部、チャーキュウ遺跡出土のストーブ

3.2.1. チャーキュウ (Tra Kieu) 遺跡の位置と立地

　本遺跡で発掘調査を数度にわたって実施した山形眞理子氏が遺跡の概要について まとめている（山形1998: 55-56 ）ので、それに基づいてまとめてみたい。 すなわち、本遺跡は、「トゥーボン（Thu Bon）川口の町ホイアン（Hoi An） から西へ、直線距離で約18キロ、トゥーボン川の一支流バーレン（Ba Ren） 川の南岸に位置し、遺跡付近は標高約10m の平坦地である。ただしより大き く見ると、東の平野と西・南の山地の接点のような位置を占めている」（山形 1998: 55-56一部加筆）とされている。

　また、本遺跡は、「ベトナム中部・クァンナム (Quang Nam) 省ズイスエン (Duy Xuyen) 県に位置する都城遺跡であり、林邑の王都典冲、そしてチャンパの王 都シンハプラに比定されている」（山形 2014: 57）とされている。

3.2.2. チャーキュウ遺跡の発掘調査史

　本遺跡の調査史についても山形眞理子氏がまとめているので、それをもとに 本遺跡における発掘調査史を概観したい。すなわち、本遺跡の調査については、 「1927～28年にフランス極東学院の考古学者クレイ（J.E. Claeys）による大規 模な調査が行われた（Claeys 1927, 1928, 1931）。長い空白期間ののち、1980年 代後半からベトナム人考古学者が調査に入るようになった。ハノイ大学のグエン チウ講師が中心となり、1990年にブウチャウ（Buu Chau）丘北東麓、ブウチャ ウ丘北麓、そして南城壁の三箇所で試掘を行っている（Nguyen Chieu et al. 1990a,b,c, 1991）。

　その後、筆者を含めた越・英・日三国の研究者による共同発掘調査が93年2 ～3月、96年3月の二次にわたって行われた。93年にはブウチャウ（Buu

Chau）丘北東麓、96年にはブウチャウ丘東麓と水田中のゴーズーゼー（Go
Du De）地点に、いずれも小規模なトレンチをあけた。―中略―97年4月に
筆者とベトナム人共同研究者が三たびチャキウに戻り、集落中のホアンチャウ
（Hoan Chau）地点で小規模な発掘調査を行ったが、ここで初めて比較的安定
した層序を掘ることができた」（山形 1998: 56）とされている。

3.2.3. チャーキュウ遺跡の層序

チャーキュウ遺跡の層序については、1997年に山形氏がベトナム人研究者と
行ったホアンチャウ地点の調査のものが示され、I層からIX層までに分類さ
れた（山形1998: 57）。特にストーブの出土層については、「TK93においては、
ストーブは、全ての層から発見された。しかし、50%以上は、第3層（Layer 3）
すなわち、チャーキュウ・フェイズ2の上部」（Prior and Glover 2003: 282）
とされている。

3.2.4. チャーキュウ遺跡の共伴遺物

本遺跡のストーブは、主に上層に属すると考えられるため、山形眞理子氏の
いうゴーズーゼー土器群の時期に相当する（山形1997：170）。すなわち、その
共伴遺物としては、集合平行沈線瓦と瓦当及び方角紋印紋陶罐（山形 1998:
59）が挙げられる。

3.2.5. チャーキュウ遺跡の年代

印紋陶と瓦という2種類の漢系遺物を手掛かりにして、山形眞理子氏は、チャ
キウ遺跡の年代を紀元後2世紀末以降になるゴーズーゼー土器群の段階と紀元
後2世紀末以前になるブウチャウ丘麓下層土器群 I, II の段階の二つの時期に
分けて考えている（山形 1998: 61）。そして、本遺跡のストーブは、大部分が
前者（紀元後2世紀末以降）に年代づけられると考えられる。

3.2.6. チャーキュウ遺跡出土のストーブ

山形眞理子氏の1997年の論文に掲載されている（山形1997: Fig.3-5）（図3.2.）のは、ストーブの奥の部分の破片で、前面部が欠損しているものである。上部に調理甕等を据える支え部は、中央がやや窪み、両端がやや高くなった舌状の形態を呈し、口縁部から斜め上方に向って立ち上がっている。底部は緩やかな丸底を呈する。

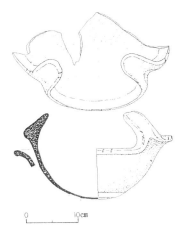

図 3.2. ベトナム中部、チャーキュウ　　（From 山形 1997: Fig.3-5）
(Tra Kieu) 遺跡出土のストーブ

3.3. ベトナム南部、ゾンカーボー遺跡出土のストーブ

3.3.1. ゾンカーボー遺跡の位置と立地

　ゾンカーボー（Giong Ca Vo）遺跡は、北緯10度24分38秒、東経106度55分40秒に位置し、行政的にはホーチミン市のカンゾー（Can Gio）地区のロンホア（Long Hoa）村、ホアヒエップ（Hoa Hiep）に所在する（Dang and Vu 1997: 30）。遺跡地は、周辺よりも1.5mほど高くなった塚になっており、その

面積は7000㎡に及ぶ（Dang and Vu 1997: 30）とされている。

3.3.2. ゾンカーボー遺跡の発見と発掘調査

本遺跡は、1993年に発見され、1994年4月26日から6月21日までホーチミン市歴史博物館とハノイのベトナム歴史博物館によって発掘調査された（Dang and Vu 1997: 30）。

3.3.3. ゾンカーボー遺跡の層序

1997年の報告では堆積層の層序図などは示されていない。

3.3.4. ゾンカーボー遺跡から検出された遺構と共伴遺物

4箇所の発掘区が設定され、発掘面積は200㎡に及び、合計301基の甕棺葬墓、10基の土坑墓（Dang and Vu 1997: 30）が検出され、遺物としては、石製品、金属器、ガラス製品、貝類（カキ、アナダラ、ハマグリ）などが出土している（Dang and Vu 1997: 31）。

3.3.5. ゾンカーボー遺跡の年代

金属器時代に属すると考えられる。

3.3.6. ゾンカーボー遺跡出土のストーブ

4点の図（Dang and Vu 1997: Fig.6-9〜12）（図3.3.-a 〜 d）が示されている。いずれも長さが10㎝内外で隅丸方形の平面形をもつものである。全てのものが小さく、ミニチュアと呼べるもので、埋葬に副葬するための副葬品として作られたものであろう。上部の調理甕等を支える部分は、口縁部が張り出している。

3.4. マレーシア、サバ州、ブキット・テンコラック遺跡のストーブ

3.4.1. ブキット・テンコラック（Bukit Tengkorak）遺跡の位置と立地

本遺跡は、北緯4度27分20秒、東経118度87分04秒に所在し、マレーシア、サバ（Sabah）州のセンポルナ（Semporna）から約5kmのところに位置し、

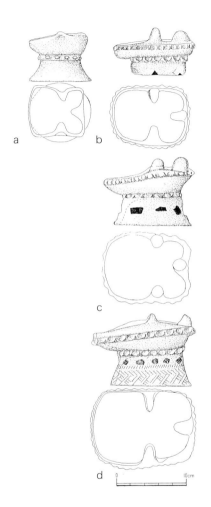

図 3.3. ベトナム南部、ゾンカーボー
　　　（Giong Ca Vo）遺跡出土のス
　　　トーブ

（From Dang and Vu
1997: Fig.6-12, 9 〜 11 :
本図アルファベット順）

3．フィリピン周辺地域出土の土製焜炉（ストーブ）　69

スラウェシ海（Sulawesi Sea）を見下ろす丘陵の頂部に立地している（Chia 2003: 187）。

3.4.2. ブキット・テンコラック遺跡の発見と発掘調査

本遺跡の発掘調査は、1994年7月及び1995年4月の2回にわたって、マレーシア考古学調査センターとサバ博物館との共同で実施された。実際の発掘調査は、1×1ｍの発掘坑を6箇所あけて実施された（Chia 2003: 187）。

3.4.3. ブキット・テンコラック遺跡の層序

報告者であるチアは、明確な層序図を示していない（Chia 2003: 187～200）。

3.4.4. ブキット・テンコラック遺跡の出土遺物

本遺跡からは、多量の土器片の他、メノウ製、チャート製、及び黒曜石製石器並びに海産の貝類、魚骨、動物骨が出土した。

3.4.5. ブキット・テンコラック遺跡の年代

以下の5点のC14年代が得られている。すなわち、101.0±0.9%M（Beta-74447, Layer 1, spit4）, 3190±60 B.P.（Beta-74448, Layer 3, spit11）, 2940±50 B.P.（Beta-83783, Layer 4, spit15）, 2650±90 B.P.（Beta-83784, Layer 5, spit20）, 5330±80 B.P.（Beta-83785, Layer 8, spit26）（Chia 2003: 190）である。そして、これらのC14年代をもとに前期（Early Phase: 4,340-1,285 B.C.）、中期（Middle Phase: 1,200-900 B.C.）及び後期（900-50 B.C.）の3時期を設定している（Chia 2003: 189）。

3.4.6. ブキット・テンコラック遺跡出土のストーブ

本遺跡のストーブはいずれも部分破片で、7点が図示されている（Chia 2003: 192, Fig.13.2）。上に調理甕などを据える支え部が柱状を呈するものが2点（図3.4.-a, b）ある。双方とも上端部が不整台形を呈し、1点（図3.4.-a）は

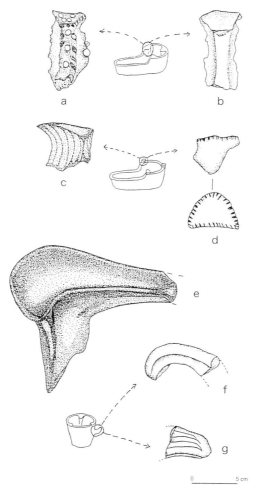

0   5 cm

図 3.4. マレーシア、サバ州、ブキット・
テンコラック（Bukit Tengkorak）
遺跡出土のストーブ

(From Chia 2003: 13.2 a~g;
本図アルファベット順)

外面に円形の刺突紋と思われるものが施され、もう1点（図3.4.-b）は、無紋である。一方、同じ支え部の部分でも頂部だけのものが2点（図3.4.-c, d）ある。1点（図3.4.-c）は、側面に削りのようなものが全体に見られる。もう1点（図3.4.-d）は、不整三角形を呈した頂部の縁部全体に刻み目が入っている。

　一方、ストーブの外側についている把手の部分と思われるものが、3点（図3.4.-e～g）出土している。

おわりに

　「フィリピンの土製焜炉」という本冊子では、第1章でフィリピンの遺跡から出土したストーブ（焜炉）を概観し、第2章でフィリピンの土器作り村で作り、使っているストーブの民俗例を概観し、第3章でフィリピンの周辺の国々の遺跡から出土したストーブの資料を概観した。それらによって以下のようなことが明らかになった。

　すなわち、第1章のフィリピンの遺跡から出土した資料の概観では、フィリピンにおいてもルソン島のマガピット貝塚出土例にみられるようにすでに新石器時代の遺跡からストーブが出土すること、以後、金属器時代の資料は手薄であるが、次の交易時代、その次のスペイン時代と資料が存在することが明らかになった。そうした中で、パンダナン島沈没船出土のストーブのように一つの船の中で異なる形態のものが使われている例は船の寄港地との関連など今後、様々な角度から検討する余地をもっていることも明らかになった。

　第2章のフィリピンの現代の土器作り村で作られているストーブの概観においては、ストーブに対する地域呼称にあるまとまりがあることが明らかになった。すなわち、ダリカン（dalikan）という呼称がルソン島と台湾の間にあるバタン島のイバタン（Ivatan）族からルソン島北部西海岸のイロコ（Iloco）族にわたって使われており、ミンダナオ島コタバト（Cotabato）州のイロコ（Iloko）族もつかっていること。カラン（kalan）という呼称がルソン島北部中央カガヤン（Cagayan）州のイタヴィ（Itavi）族からルソン島中央部のタガログ（Tagalog）族及びルソン島南部のビコール（Bikol）族、フィリピン中部、ネグロス島のイロンゴ（Ilongo）族、ミンダナオ島西部のコタバト州のイロンゴ（Ilongo）族に使われていること。スガング（sugang）という呼称が、フィリピン

中部のネグロス（Negros）島、ネグロス・オリエンタル（Negros Oriental）州のセブアノ（Cebuano）族、ミンダナオ島、ダバオ・スール（Davao Sur）州のセブアノ（Cebuano）族によって使われていること。また、スガングとカランの両方の呼称がフィリピン中部レイテ（Leyte）島タナウアン（Tanauan）のワライ・ワライ（Waray Waray）族によって使われていること。ダプラン（dapuran）という呼称がミンダナオ島コタバト（Cotabato）のイラヌン（Iranun）族によって使われていることが明らかになった。ただし、上記のうち、ミンダナオ島のイロコ族、イロンゴ族、セブアノ族はいずれも近年の移民であることは考慮しておく必要があるであろう。また、同じ第2章のルソン島北部カガヤン州アトル村のストーブ製作の概観では、ストーブの製作の詳細を段階ごとに明らかにすることができた。

　一方、第3章のフィリピンの周辺地域におけるストーブの出土例の概観においては、南中国からベトナム中部、ベトナム南部、マレーシアのサバ州の資料を概観し、ストーブの出土した遺跡は、いずれも東シナ海域及び南シナ海域の海が近くに存在する遺跡であったことが明らかになった。このことは、ストーブが船で移動する人たちによって使われ、船の中でも使われていたことを示唆するものであろう。また、概観したストーブの資料のうち、河姆渡遺跡出土のストーブは、6300〜6000年前という年代が出されており、現在のところ最古の例と考えられており、ストーブの最も古い形態を検討する上で重要であろう。また、河姆渡遺跡の木造構造物が高床のものであることとの関連を含めて、高床住居とストーブとの関係も今後の検討で重要になってくるであろう。

　本書の中には、筆者がかつて書いた論文に加筆、修正を加えて使用している部分がある。以下にその箇所と初出を明示しておきたい。

　「1.2. フィリピン出土の土製焜炉（ストーブ）」（「フィリピンにおけるストー

ブの発掘史」を除く）の初出が、2007年「フィリピン出土の土製焜炉、ストーブについて」青柳洋治先生退職記念論文集『地域の多様性と考古学－東南アジアとその周辺－』青柳洋治先生退職記念論文集編集委員会　雄山閣　pp.153-171であり、「2.4. 田中和彦によるルソン島北部、アトル村の土器作り調査とストーブ」の初出が、2013年「ルソン島北部、アトル村における土製ストーブの製作」『横浜ユーラシア文化館紀要』No.1. pp.63-73 である。

注

1）フォックスの時代には、フィリピン国立博物館では考古学は人類学部の中の1セクションであった。

2）スポアーは、Samal という綴りで表しているが、現在、一般的なのは、サマ (Sama) であるので、ここでは、Sama を使う。

3）スキアンズはこの木炭用ストーブが第2次大戦中に日本人によって導入されたため、現地で日本のストーブと呼ばれているとインフォーマントが述べたと述べている（Scheans 1977: 88）

4）スキアンズのモノグラフではアトル村は、Atolo という綴りになっているが、Atulu が正しい。

5）スキアンズのモノグラフでは、ウユガン村は、Uyogan という綴りになっているが、Uyugan が正しい。

6）スキアンズのモノグラフでは、高さ171.0cm、長さ25.2cm となっていたが、その形態からみて数字は逆で、高さ25.2cm、長さ171.0cm と判断した。

7）報告書では、 灶として報告されている。

参考文献一覧

青柳洋治

1980「ルソン島北部における土器づくり―アトレー村の一事例―」『黒潮の民族・文化・言語』黒潮文化の会編　角川書店　pp.88-104.

1985「フィリピン出土中国貿易陶磁の変遷―カラタガン遺跡とサンタ・アナ遺跡の年代について―」『三上次男博士喜寿記念論文集　陶磁編』平凡社　pp.313-330.

1992「「交易時代」（9～16世紀）のフィリピン―貿易陶磁に基づく編年的枠組―」『上智アジア学』第10号　pp.144-176.

青柳洋治・Aguilera, M. A.・小川英文・田中和彦

1988「ラロ貝塚群の発掘」『上智アジア学』第6号 pp.63-104.

1991「ラロ貝塚群の発掘（3）」『上智アジア学』第9号 pp.49-137.

Cabanilla, I.

1972 Neolithic shellmound of Cagayan: Lal-lo excavation. National Museum of the Philippines, Field Report # 1 .

Cembrano, M. R.

1998 *Patterns of the Past: The ethnoarchaeology of Butuan*. Manila: National Museum of the Philippines.

Chia, S.

2003 "Prehistoric Pottery Production and Technology at Bukit Tengkorak Sabah, Malaysia," in Miksic, J. (ed.), *Earthenware in Southeast Asia*, pp.187-200. Singapore: Singapore University Press.

Cole, F. C.

1922 *The Tinguian*. Chicago: Field Museum of Natural History, Anthropological Series 12: 231-493.

大韓民国文化公報部　文化財管理局／編

1983『新安海底遺物　資料編I』同和出版公社　大日本絵画

Dang Van Thang and Vu Quoc Hien

1997 "Excavation at Giong Ca Vo Site, Can Gio District, Ho Chi Minh City"『東南アジア考古学』第17号 pp.30-44.

Desroches, J., G. Casal and F. Goddio

1996 *Treasures of the San Diego*. Paris and New York: Association Française d'Action Artistique, Foundation Elf and Elf Aquitaine International Foundation, Inc.

Dizon, E. Z.

1996 "Anatomy of a Shipwreck: Archaeology of the 15th Century Pandanan Shipwreck," in Loviny, C.（ed.）, *The Pearl Road: Tales of Treasure Ships in the Philippines*, pp.63-93. Makati: Asiatype, Inc.

Fox, R. B.

1959 "The Calatagan Excavations: Two 15th Century Burial Sites in Batangas, Philippines," *Philippine Studies* Vol. 7, No. 3, pp.1-74.

1970 *The Tabon Caves- Archaeological Explorations on Palawan Islands, Philippines*. Monograph of the National Museum. Number 1. Manila: National Museum of the Philippines.

Fox, R. B. and A. Legaspi

1977 *Excavations at Santa Ana*. Manila: National Museum of the Philippines.

石毛直道

2013「3章　食事の原点」石毛直道自選著作集第5巻『食事と文明』どめす出版　pp.87-98.

Locsin, L. & C.

1967 *Oriental Ceramics Discovered in the Philippines*. Tokyo: the Charles E. Tuttle Company, Inc.

Loviny, C.（ed.）

1996 *The Pearl Road: Tales of Treasure Ships in the Philippines*. Makati: Asiatype, Inc.

Main, D. and R. B. Fox

1982 *The Calatagan Earthenwares: A Description of Pottery Complexes Excavated in Batangas Provincie, Philippines*. Monograph No.5, Manila: National Museum of the Philippines.

森村健一

1991「畿内とその周辺出土の東南アジア陶磁器－新政権成立を契機とする新輸入陶磁器の採用－」『貿易陶磁研究』No.11 pp.131-169.

1996「フィリピン・パンダナン島沖沈没船引き揚げ陶磁器」『貿易陶磁研究』No. 16. pp.111-125.

モルガ著　神吉敬三訳、箭内健次訳・注
1966『フィリピン諸島誌』大航海時代叢書　第Ⅰ期第7巻　岩波書店

中村慎一
1986「長江下流域新石器文化の研究－栽培システムの進化を中心に－」『東京大学文学部考古学研究室研究紀要』第5号 pp.125-194.

小野林太郎
2007「消えた土器と残った土器－ボルネオ島東海岸のサマ人による土製焜炉の利用と背景－」後藤明編『土器の民族考古学』同成社：95-110.

Ono, R.
2006　Ethnoarchaeology of Pottery Stove Production and Use among the Sama, East Coast of Borneo. *People and Culture in Oceania* 22: 31-51.

小川英文
2005 "Typological chronology of pottery assemblages from the Lal-lo shell-middens in northern Luzon, Philippines," 『東南アジア考古学』第25号 pp.1-30.

Peralta, J.
1980 "Ancient Mariners of the Philippines," *Archaeology*, September-October. New York. pp.41-48.

Prior, R. and Glover, I.C.
2003 "The late prehistoric to early historic earthenware of Central Vietnam" in Miksic, J. (ed.), *Earthenware in Southeast Asia*: 261-84. Singapore: Singapore University Press.

Ronquillo, W.
1989 "The Butuan Archaeological Sites; Profound Implication for Philippines and Southeast Asian Prehistory," in Brown, M. (ed.), *Guangdong Ceramics from Butuan and Other Philippine Site*. pp.61-69. Singapore: Oriental Ceramic Society of the Philippines./Oxford University Press.
1993 "Archaeology of the San Diego -A Summary of Activities from 1991 to 1993-," in Ronquillo W. et al., *Saga of the San Diego*, pp.13-20. Manila: Concerned Citizens for the National Museum, Inc.

Ronquillo, W. P., E. Z. Dizon, V. Secuya III, C. G. Salcedo, A. A. de la Torre, C. O. Valdes, L. A. Alba, M. Cuevas, R. N. Villegas and O. V. Abinion

1993 *Saga of the San Diego*. Manila: Concerned Citizens for the National Museum, Inc.

Scheans, D. J.

1977 *Filipino Market Potteries*. National Museum Monograph No.3, Manila: National Museum of the Philippines.

Spoehr, A.

1973 *Zamboanga and Sulu: An Archaeological Approach to Ethnic Diversity*. Ethnology Monographs No.1. Pittsburgh: University of Pittsburgh.

田中和彦

1992 「ルソン島北部、カガヤン川中流域、サンタ・マリア町、キナガビアン村の土器作り」『環境情報研究』（敬愛大学環境情報研究所）第6号 pp.123-152.

1993 「ルソン島中部、墓地遺跡出土の交易陶磁器と土器―15世紀後半から16世紀前半の南部タガログ地方の様相―」『貿易陶磁研究』No.13 pp.65-85.

2005a 「「赤の時代」から「黒の時代」へ―ルソン島北部、カガヤン川下流域、ラロ貝塚群における後期新石器時代から鉄器時代の土器編年―」『上智アジア学』第23号 pp.313-401.

2005b 「フィリピンの沈船遺跡と出土土器―15世紀中葉から16世紀末の資料を中心に―」『水中考古学研究』創刊号 pp.17-53.

2007 「フィリピン出土の土製焜炉、ストーブについて」『青柳洋治先生退職記念論文集『地域の多様性と考古学－東南アジアとその周辺―』青柳洋治先生退職記念論文集編集委員会編　雄山閣 pp.153-171.

2010 「フィリピンの先史時代」『海の道と考古学－インドシナ半島から日本へ―』高志書院 pp.66-90.

2013a 「ルソン島北部、アトル村における土製ストーブの製作」『横浜ユーラシア文化館紀要』No.1, pp.63-73.

2013b 「土器作り道具の持続と変化－フィリピン、ルソン島北部の事例から－」『物質文化』93号、pp.49-72.

2017 「フィリピン、パンダナン島沖沈船遺跡出土の土器について」林田憲三編『水中文化遺産－海から蘇る歴史－』pp.121-149.

Tanaka, K., A. Garong and W. P. Ronquillo

2012 A Comparative Study of the Pottery Making in Atulu, Northern Luzon between 1993, and 2011 or 2012. *Journal of Southeast Asian Archeology* 32, pp.99-104.

Unknown author

n.d. Community Profile of Atulu village

山形眞理子

1997「林邑建国期の考古学的様相―チャキウ遺跡の中国系遺物の問題を中心に―」『東南アジア考古学』
　　第17号 pp.167-184.

1998 「林邑国の形成に関する考古学的考察－外来・在来の両要素から考える－」『東南アジア考古学』第
　　18号 pp.51-89.

2014 「ベトナム中部・チャーキュウ遺跡の城壁に関する基礎的所見」新田栄治先生退職記念論集編集委員
　　会編 『新田栄治先生退職記念　東南アジア考古学論集』pp.57-66.

山本信夫・長谷部楽爾・青柳洋治・小川英文

1993「ベトナム陶磁の編年的研究とチャンパ古窯の発掘調査―ゴーサイン古窯址の発掘調査―上冊，下冊」
　　『上智アジア学』第11号 pp.163-180.

浙江省文物考古研究所

2003 『河姆渡－新石器時代遺址考古発掘報告－上冊、下冊』文物出版社。

【著者紹介】

田中 和彦（たなか かずひこ）

1959年東京都生まれ。2002年フィリピン大学大学院社会科学・哲学研究科人類学専攻博士課程修了。Ph.D.（人類学博士）。上智大学外国語学部等非常勤講師を経て、2016年より鶴見大学文学部文化財学科准教授。専門は、フィリピン考古学。論文に「フィリピンにおける交易時代研究の展開－長距離交易と複合社会の発展－」『現代の考古学5　交流の考古学』（朝倉書店、2000年）、「フィリピンの先史時代」（『海の道と考古学－インドシナ半島から日本へ―』（高志書院、2010年）、「フィリピン出土の元青花」『中国陶磁　元青花の研究』（高志書院、2015年）など。共著論文（小野林太郎氏との）に「海域東南アジアの先史時代とネットワークの成立過程－「海民」の基層文化論－」『海民の移動誌－西太平洋のネットワーク社会－』（昭和堂、2018年）。

〈比較文化研究ブックレットNo.18〉
「フィリピンの土製焜炉―ストーブ」

2020年3月31日　初版発行

著　　　者	田中　和彦
企画・編集	鶴見大学比較文化研究所
	〒230-0063　横浜市鶴見区鶴見2-1-5
	鶴見大学6号館
	電話　045（580）8196
発　　　行	神奈川新聞社
	〒231-8445　横浜市中区太田町2-23
	電話　045（227）0850
印　刷　所	神奈川新聞社クロスメディア営業局

定価は表紙に表示してあります。

「比較文化研究ブックレット」の刊行にあたって

比較文化は二千年以上の歴史があるが、学問として成立してからはまだ百年足らずである。近年、世界のグローバル化に伴いその重要性は増してきている。特に異文化理解と異文化交流、異文化コミュニケーションといった問題は、国内外を問わず、切実かつ緊急の課題として現前している。同時多発テロの深層にも異文化の衝突があることは誰もが認めるところであろう。

さらに比較文化研究は、あらゆる意味で「境界を超えた」ところに、その研究テーマがある。国家や民族ばかりではなく時代もジャンルも超えて、人間の営みとしての文化を研究するものである。インターネットで世界が狭まりつつある二十一世紀が、同時多発テロと報復戦争によって始まったことは歴史のパラドックスであろう。文化もテロリズムも戦争も、その境界を失いつつある現在、比較文化研究はその境界を超えた視点を持った新しい学問なのである。

鶴見大学に比較文化研究所準備委員会が設置されて十余年、研究所が設立されて二年を越えて機も熟し、本シリーズの発刊の運びとなった。比較文化論は近年ブームともいえるほど出版されているが、その多くは思いつき程度の表面的な文化比較であり、学術的検証に耐えうるものは少ない。

本シリーズは学術的検証に耐えつつ、啓蒙的教養書として平易に理解しやすい形で、知の文化的発信を行おうという試みである。大学およびその付属研究所の使命は、単に閉鎖された空間における学術研究のみにその使命があるのではない。ましてや比較文化研究が閉鎖されたものであって良いわけがない。広く社会にその研究成果を公表し、寄与することこそ最大の使命であろう。勿論、研究所のメンバーはそれぞれ機関誌や学術誌に各自の研究成果を発表しているが、本シリーズでより豊かな成果を社会に問うことを期待している。

二〇〇二年三月

鶴見大学比較文化研究所　初代所長　相良英明

比較文化研究ブックレット近刊予定

■「学校に行かなくても成長できる」(仮題)

吉村順子

　5年連続で不登校の生徒数が増加し、とうとう過去最高の数を記録した。最近の調査結果によると、不登校予備軍といえる中学生が全体の1割を占めることがわかった。今、学校という体制にうまく適応できない子供たちの存在が無視できなくなっている。子どもが不登校やひきこもりになったとき、保護者や教員はどのように対処したらよいだろうか。筆者は保護者の心情等を「不登校かるた」としてまとめた。学校に行かない子どもをどのように受け止めるかをユーモアによって認知する方法を考えたい。

■「コルセットを着る女性、つくる女性」

鈴木周太郎

　19世紀半ば以降、コルセットの大衆化の波はヨーロッパからアメリカへと広がっていった。アメリカにおけるコルセットの流行は世紀転換期にピークをむかえ、自国生産が進んだ。特にマサチューセッツ州ウースターのロイヤル・ウースター・コルセット・カンパニーは大量に流入した移民の娘たちの受け皿となり、彼女らのアメリカ化をも促していった。それはコルセットの大衆化という階級の壁のほころびとも呼応するものだった。

No.1　詩と絵画の出会うとき

〜アメリカ現代詩と絵画〜　森　邦夫

　ストランド、シミック、ハーシュ、3人の詩人と芸術との関係に焦点をあて、アメリカ現代詩を解説。

A5判　57頁　600円（税別）
978-4-87645-312-2

No.2　植物詩の世界

〜日本のこころ　ドイツのこころ〜　冨岡悦子

　文学における植物の捉え方を日本、ドイツの詩歌から検証。民族、信仰との密接なかかわりを明らかにし、その精神性を読み解く！

A5判　78頁　600円（税別）
978-4-87645-346-7

No.3　近代フランス・イタリアにおける悪の認識と愛

加川順治

　ダンテの『神曲』やメリメの『カルメン』を題材に、抵抗しつつも〝悪〟に惹かれざるを得ない人間の深層心理を描き、人間存在の意義を鋭く問う！

A5判　84頁　600円（税別）
978-4-87645-359-7

No.4　夏目漱石の純愛不倫文学

相良英明

　夏目漱石が不倫小説？　恋愛における三角関係をモラルの問題として真っ向から取り扱った文豪のメッセージを、海外の作品と比較しながら分かりやすく解説。

A5判　80頁　600円（税別）
978-4-87645-378-8

比較文化研究ブックレット・既刊

No.5 日本語と他言語

【ことば】のしくみを探る　三宅知宏

　日本語という言語の特徴を、英語や韓国語など、他の言語と対照しながら、可能な限り、具体的で、身近な例を使って解説。

Ａ５判　88頁　600円（税別）

978-4-87645-400-6

No.6 国を持たない作家の文学

ユダヤ人作家アイザックＢ・シンガー　大﨑ふみ子

　「故国」とは何か？　かつての東ヨーロッパで生きたユダヤの人々を生涯描き続けたシンガー。その作品に現代社会が見失った精神的な価値観を探る。

Ａ５判　80頁　600円（税別）

978-4-87645-419-8

No.7 イッセー尾形のつくり方ワークショップ

土地の力「田舎」テーマ篇　吉村順子

　演劇の素人が自身の作ったせりふでシーンを構成し、本番公演をめざしてくりひろげられるワークショップの記録。

Ａ５判　92頁　600円（税別）

978-4-87645-441-9

No.8 フランスの古典を読みなおす

安心を求めないことの豊かさ　加川順治

　ボードレールや『ル・プティ・フランス』を題材にフランスの古典文学に脈々と流れる“人の悪い人間観”から生の豊かさをさぐる。

Ａ５判　136頁　600円（税別）

978-4-87645-456-3

比較文化研究ブックレット・既刊

No.9 人文情報学への招待

大矢一志

コンピュータを使った人文学へのアプローチという新しい研究分野を、わかりやすく解説した恰好の入門書。

A 5 判　112頁　600円（税別）
978-4-87645-471-6

No.10 作家としての宮崎駿

～宮崎駿における異文化融合と多文化主義～　相良英明

「ナウシカ」から「ポニョ」に至る宮崎駿の軌跡を辿りながら、宮崎作品の異文化融合と多文化主義を読み解く。

A 5 判　84頁　600円（税別）
978-4-87645-486-0

No.11 森田雄三演劇ワークショップの18年

―Mコミュニティにおけるキャリア形成の記録―　吉村順子

全くの素人を対象に演劇に仕上げてしまう、森田雄三の「イッセー尾形の作り方」ワークショップ18年の軌跡。

A 5 判　96頁　600円（税別）
978-4-87645-502-7

No.12 PISAの「読解力」調査と全国学力・学習状況調査

―中学校の国語科の言語能力の育成を中心に―　岩間正則

国際的な学力調査である PISA と、日本の中学校の国語科の全国学力・学習状況調査。この2つの調査を比較し、今後身につけるべき学力を考察する書。

A 5 判　120頁　602円（税別）
978-4-87645-519-5

比較文化研究ブックレット・既刊

No.13 国のことばを残せるのか

ウェールズ語の復興　松山　明子

イギリス南西部に位置するウェールズ。そこで話される「ウェールズ語」が辿った「衰退」と「復興」。言語を存続させるための行動を理解することで、私たちにとって言語とは何か、が見えてくる。

A5判　62頁　602円（税別）
978-4-87645-538-6

No.14 南アジア先史文化人の心と社会を探る

―女性土偶から男性土偶へ：縄文・弥生土偶を参考に―　宗䑓秀明

現在私たちが直面する社会的帰属意識（アイデンティティー）の希薄化・不安感に如何に対処すれば良いのか？先史農耕遺跡から出土した土偶を探ることで、答えが見える。

A5判　60頁　602円（税別）
978-4-87645-550-8

No.15 人文情報学読本

―胎動期編―　大矢一志

デジタルヒューマニティーズ、デジタル人文学の黎明期と学ぶ基本文献を網羅・研修者必読の書。

A5判　182頁　602円（税別）
978-4-87645-563-8

No.16 アメリカ女子教育の黎明期

共和国と家庭のあいだで　鈴木周太郎

初期アメリカで開設された3つの女子学校。
　―相反する「家庭性」と「公共性」の中で、立ち上がってくる女子教育のあり方を考察する。

A5判　106頁　602円（税別）
978-4-87645-577-5

比較文化研究ブックレット・既刊

№.17 本を読まない大学生と教室で本を読む

文学部、英文科での挑戦　深谷　素子

生涯消えない読書体験のために！「深い読書体験は、生涯消えることなく読者を支え励ます」いまどきの学生たちを読書へと誘う授業メソッドとは。

A 5 判　108頁　602円（税別）

978-4-87645-594-2